양곡 **이가순**
이원재 의사 평전

영웅은
열매를
팔지 않아

양곡 이가순, 이원재 의사 평전

영웅은 열매를 팔지 않아

2022년 4월 15일 초판 1쇄 발행
2022년 5월 4일 초판 2쇄 발행

지은이 신기식
펴낸이 정영구
펴낸곳 누림과 이룸
편집 김형준, 전정숙, 박영희

등록 제25100-2017-000010
주소 서울시 동작구 성대로 14길 49, 102호
전화번호 02) 811-0914
이메일 zeronine86@hanmail.net
페이스북 facebook.com/nurimiroom

디자인 정미영
인쇄 디자인화소

ISBN 979-11-91780-06-2 03230
정가 15,000원

양곡 **이가순**
이원재 의사 평전

영웅은
열매를
팔지않아

신기식 지음

새로운 영웅을 기다리며

고양시 농민들은 매년 4월 7일 행주양수장에서 한 해 농사의 풍요를 바라는 고유제*(告由祭)를 드리고 첫 통수식**(通水式)을 할 때 이가순, 이원재 부자(父子)를 '존영(尊靈)'으로 칭한다. 그래서 망설이지 않고 이 책의 제목을 『양곡 이가순·이원재 의사 평전_영웅은 열매를 팔지 않아』로 정했다.

이 책은 고양시씨족협의회에서 이가순 선생을 네 번째 '자랑스러운 고양인'으로 선정하고 2009년 9월에 『양곡 이가순 선생의 생애 조명』(집필자 이영찬)을 발표한 것에서 출발했다. A4 용지 70여 쪽 묶음에는 이가순 부자의 매우 특별한 행적이 소개되어 있다. 하마터면 세상에 영원히 묻힐 뻔한 이야기였다.

---

*　국가나 사회 및 가정에 큰 일이 있을 때 사당이나 신명에게 그 사유를 알리는 제사
**　물이 통하여 흐르게 하는 행사

4

2010년 이가순기념사업회가 조직되었다. 덕분에 일산호수공원에 커다란 빗돌이 세워지고, 수로 옆 농로가 '양곡길'로 개명되었고, 양곡길을 따라 호수공원까지 시민 걷기 행사도 열렸다.

이가순 선생의 생애 조명(2009. 9)

이가순 부자를 더 가까이서 만나고 싶고, 그들의 사랑, 인간관, 가치관, 그리고 역사에 대한 믿음을 확인하고 싶어 이리저리 흩어지고 묻힌 행적의 파편을 찾아다녔다.

이 과정을 통해 확인한 명백한 사실은 두 부자(父子)가 죽기까지 애국애민을 멈추지 않았다는 것이다. 이들을 애국지사 또는 의사(醫師)로 부르는 것만으로는 부족하다. 연해주 블라디보스토크, 만주 하얼빈, 원산, 강릉, 특히 고양군에 남아 있는 이가순의 족적은 뚜렷하다.

이가순은 황해도 사람들의 교육입국 정신을 실천했다. 그는 원산 3·1 만세운동으로 2년 6개월의 옥고를 치르고도 원산에서 대성학교를 세워 젊은이들을 가르쳤다. 82일간 부두노동자 파업을 지원하고, 수해구호단체를 이끌며 빈민의 대변자로 살았다.

이원재는 원산구세병원 근무를 시작으로 하얼빈 고려병원, 강릉 관

양곡 이가순

이원재 의사
세브란스 의과대학 4회 졸업사진(1914년)
(연세대학교 의과대학 동은의학박물관 제공)

동병원, 서울 금강병원을 운영하며 아픈 민중들을 치료했다. 또 한인
민회 회장으로 민족 해방 운동의 중심에 서서 동서 박정욱 의사(醫師)를
하얼빈으로 불러들이고 아버지의 뜻을 따라 장인 노백린 장군의 독립
운동 자금을 지원했다. 이들 부자는 원산과 강릉신간회 대표로도 지도
력을 발휘했다.

두 부자는 각각 66세와 47세에 서울(고양군)로 이주했다. 자녀들의
고등학교와 대학교육을 등한시할 수 없었기 때문이다. 그러나 이주 뒤
에도 여전히 자신들의 생명과 힘을 쏟아 민족을 위해 무엇을 할 것인
가를 궁리했고, 마침내 피폐해진 농촌의 경제적 자립을 위해 살기로
뜻과 재원을 모았다. 여기에는 무엇보다도 기독교 신앙이 숨은 배경이
되었다.

행주양수장에 세워진 이가순관개송덕비는 행주대첩비처럼 영웅의 표상이 되었다. 부모는 자녀에게 생활로 가르쳤다. 세계적으로 이름을 떨친 정트리오(명화, 경화, 명훈 남매)의 어머니 이원숙(이가순의 딸)은 "너희 할아버지는 일흔 살이 넘어서도 산을 뚫고 물길을 냈어."라는 말을 들려주며 경쟁하기를 힘들어하는 자녀들에게 국위를 선양하는 정신으로 음악을 하라고 다독였다. 후손들은 그 정신을 깊이 새기며 피나는 노력을 다해 한국의 이름을 빛냈다.

이가순과 이원재, 두 영웅은 황무지를 개간해 옥토로 만들어 가난한 농민들에게 나누어 주었다. 누구와도 비교할 수 없는 빛나는 업적이기에 영웅이라는 호칭은 이들 부자에게는 결코 과장이 아니다. 존영(尊靈)으로 불러 주는 게 옳다.

이제 새로운 영웅의 등장을 기다리며 두 분 영웅의 이야기를 시작한다.

2022년 3월 1일
신기식

자료 제공과 고견으로 출간에 도움을 주신 분들께 감사드립니다.

인물평전
[영웅은 열매를 팔지 않아]

　제가 목회하던 강릉에서 지난해 피아니스트이자 지휘자로 한국을 대표하는 세계적인 음악가 정명훈의 아들 정민이 강릉시립교향악단의 지휘자로 선임되었습니다. 이 이야기가 이 책과 무슨 상관이 있느냐고 질문할 수 있습니다. 강릉은 '정트리오'로 불리는 정명훈, 정경화, 정명화와는 떼려야 뗄 수 없는 곳입니다. 이분들의 외할아버지 이가순과 큰아들 이원재 부자(父子)는 일제강점기에 독립운동가로서 한동안 강릉에서 관동병원을 운영했습니다. 그리고 말년에는 수리·간척사업을 통해 농촌경제부흥을 이끌었던 분인데 이 사실을 아는 분들이 거의 없습니다. 이렇게 묻혀 있는 이야기를 발굴하여 소개하는 특별한 은사를 가진 분이 신기식 목사입니다. 진흙 속의 보배를 캐내는 멋진 광부입니다. 인물평전 『영웅은 열매를 팔지 않아』에서는 이가순, 이원재 부자(父子) 장로의 이야기를 상세하게 소개하고 있습니다.

　"영웅은 열매를 팔지 않아"라는 제목을 보면서 신기식 목사가 무엇을 추구하는지가 보입니다. 그야말로 예수 믿고 손해 보는 인생 이야기입니다. 열매를 바라보고 일을 한 것이 아니라 예수 믿고 따르는 길을 가다 보니 사람들에게 '영웅'으로 불리는 열매를 얻게 된 이야기입니다. 고양시 행주산성 역사공원에는 '이가순관개송덕비'가, 호수공원에는 '이가순·이원재 숭모비'가 있습니다. 이가순 장로는 한강 변의 척박하기 이를 데 없는 고양 땅에 물길을 내어 비옥한 농경지를 만드신 분이기 때문입니다.

신기식 목사는 고양시에서 35년간 목회하고 있습니다. 보려고 해야 보인다고 합니다. 자신이 사역하는 자리를 두루 살펴보았기에 이가순, 이원재 장로를 발견한 것입니다. 잊히거나 잃어버린 것에 대한 애달픔, 믿음으로 바로 서야 한다는 간절함으로 이가순·이원재 장로 행적의 깊은 속내를 본 것입니다. 이 책에는 고양 땅에 생명의 물길을 낸 이야기가 세상과 모든 감리교회에도 알려지길 원하는 간절함이 담겨 있습니다. 일제강점기의 어둡고 암울한 시대, 척박한 땅을 일구며 살아가야 하는 고단한 시대 한가운데서 아버지와 아들이 대를 이어 감당했던 소중한 이야기를 통해 우리나라에 사랑과 공의가 꽃피었으면 좋겠습니다. 이 책을 읽는 모든 분이 얻을 떡고물을 생각하니 마음이 흐뭇해집니다. 그것은 하늘로부터 주어지는 든든함, '착하고 충성된 종'이라는 칭찬입니다. 참 생명과 사랑의 나라를 향해 내딛는 한 걸음 한 걸음만큼 소중한 게 어디 있겠습니까?

잃어버린 인물을 오늘에 다시 살려내어 하늘의 기쁨으로 충만하도록 기회를 만들어 주신 신기식 목사에게 감사를 드립니다. 이 이야기가 감리교회 교인들만이 아니라 모든 젊은이에게 들려졌으면 좋겠습니다.

2022년 3월 1일
이 철
기독교대한감리회 감독회장

차례

발문(跋文)

일제 치하 '브나로드 운동(V Narod*)'의 열매

이상윤 목사, 역사학자

일제는 1850년대 부국강병의 기치로 메이지유신을 단행하여 근대
화를 이루고는 25년 후인 1876년에 조일수호조규(강화도조약)를 맺고
한반도 침략을 시작했다. 이어서 1894년 청일전쟁과 1904년 러일전
쟁에서 승리하고는 한반도에서는 1905년 을사늑약과 1907년 정미조
약을 강제 체결하며 조선 왕조를 해체했다. 그리고 1910년 경술국치
로 조선총독부를 설립했으며 이어서 토지조사령, 하천령, 수리조합령
등 법제를 앞세워 한반도 경제를 수탈했다. 당시 한반도에는 함경북도
나남에 일본군 19사단이 주둔했고 서울 용산에는 병력 2만 3천 명의
20사단이 한반도 전역을 지배했다. 그 밖에도 1만 4천 명의 헌병과 경

---

* '민중 속으로 가자'라는 의미의 러시아 말이다.

찰, 1만 5천 명의 총독부 요원을 거느리고 있었다.

지배계층인 조선왕실과 봉건 사대부는 교만하고 허약했다. 항일운동은 해직 군인 중심의 무장투쟁, 민족주의자들의 교육입국 독립운동, 사회주의자의 이념투쟁, 지식인들의 무정부주의, 공산주의자들의 해방운동 등 다양한 성격을 띠었다. 해외 망명지에서도 양상은 비슷했다. 반면에 피지배층 대부분은 가난하고 무지한 상태에서 강력하게 저항할 의지와 능력이 없어서 일제의 수탈을 맨몸으로 견뎌야 했다.

그래도 1919년 일제의 무단통치기에 천도교와 기독교 세력을 중심으로 비폭력 무저항 정신으로 3·1독립만세운동이 일어났다. 중국 상해에 임시정부가 세워졌다. 소련의 지원을 받는 공산당 계열이 진출했고, 기호서북 거점의 좌경 무정부주의 세력이 한데 어울리면서 충돌을 피하지 못했다. 그 결과, 1925년 이승만 대통령이 탄핵되었고 민족주의, 군사주의, 사회주의 진영을 포함하는 6개 분파의 대결장이 되어 계급해방을 부르짖는 민중운동과 보수적인 민족주의 운동이 대립하는 양상이 나타났다. 1926년 순종의 승하로 시작된 6·10만세 운동을 계기로 계급해방에 대한 사회적 반응이 본격화되면서 지주와 양반계급에 대항하는 농민운동세력이 출현했다.

1930년대의 특징은 일제의 동아시아 침략전쟁, 일제의 통치 현실 수용, 사회주의 혁명사상의 등장, 그리고 '브나로드' 민족운동으로 대변된다. 전쟁과 혁명의 소용돌이 속에서 일제는 전쟁을 수행하기 위해 국민 총동원 체제를 구축했고, 만주사변을 일으켜 1932년 만주국을 건설했으며, 1937년에는 중일전쟁을 일으켜 난징대학살을 자행해 중국을 점령했다. 그리고 잇따라 영국이 지배하고 있던 싱가포르를 함락하고 필리핀 인도차이나로 진출했으며 히틀러가 제3 제국을 건설하려 한 것처럼 대동아공영권 제국을 건설하려고 했다. 급기야 일본은 1941년 12월에 미국 하와이 진주만을 공격해 태평양전쟁을 일으켰다. 이로써 미국도 2차 세계대전에 본격적으로 합류했다. 이 시기에 현실론자들은 적극적으로 일제 통치를 선호해 반대자들을 탄압했다.

한편, 사회주의 혁명사상이 새로운 세력으로 성장했다. 러시아 혁명을 성공한 국제공산주의 2차 운동은 아시아, 아프리카에서 직접적인 계급해방투쟁을 지원하며 활동자금을 뿌렸다. 한반도에서도 공산주의 사상이 유행했다. 모스크바 공산대학에는 이동휘에 이어 1923년 조선노동당을 창당한 박헌영과 주세죽, 김단야, 이강국이 유학했다. 일제는 군사력을 앞세워 이런 사상에 적극적으로 대처하며 동아시아 전체를 정복해 나갔다. 또 상해 임시정부를 파괴하고 조선공산당을 잔혹하게 탄압했다. 당시 민족주의 중심 세력은 임시정부의 김구와 외교독립론을 주장했던 미국의 이승만, 그리고 서북세력의 좌장이었던 안창호의 흥사단이었다. 연해주에 진출한 최재형과 그 세력들은 구소련 내에 포진하고 있었다.

1930년대 국내 민족운동은 한마디로 '브나로드' 운동이었다. 중도진보들이 확보한 공간에서 일어난 이 운동은 당시 기독교계인 YMCA와 YWCA를 중심으로 조직적으로 추진되었고 공산당보다 발 빠르게 대중과 연합했다. 야학을 매개로 해서 일어난 농촌운동은 문맹 퇴치와 생활개선, 각종 영농기술 전수와 더불어 농촌협동조합운동을 지도했다. 대학생들은 방학이면 농촌봉사활동에 나섰다. 당시 양반 지주 밑에서 이중적인 억압을 당하고 있던 소작농과 머슴들은 농노나 다름이 없었다. 위로는 마름이 있고 그 위에 지주가 있는 형태였다. 일본인 지주가 득세하는 형국에서 소작농의 처지는 더욱 비참했다. 따라서 농촌계몽 운동은 항일운동과 인간해방을 추구하는 성격을 띠었다.

공산당 운동원이었던 심훈은 동아일보에 농촌 야학을 이끄는 젊은 처녀 최용신을 주인공으로 한 소설 '상록수'를 연재했다. 실제로 YWCA에서 파송해 안산 샘골에서 농촌활동을 하던 여자협성신학교 출신 최영신이 모델이었다. '상록수'는 당시의 계몽운동을 표방하던 민중운동이 농촌해방운동으로 자리 잡히기를 염원했던 소설로, 민중의 아픔을 끌어안고 민중 속으로 파고드는 '브나로드' 운동을 보여 주려고 했다. 궁극적으로는 민족 독립운동과 궤를 같이했다.

농민운동은 '원산 노동자 총파업의 경우와 같이 조합운동으로 한 단계 발전되었다. 논산, 마산, 진영 같은 미답 지역의 농민운동은 지주와 결이 다른 머슴과 자영농들을 조직하는 초기 단계를 거치고 있었고, 한반도 최초의 조직노동자들이 있었던 강화의 조양직물과 심도직물에서는 조봉암과 같은 조합운동지도자가 나왔으며, 인천 동일방직에서는 노동조합이 결성되기도 했다. 원산 총파업 이후 한반도를 감싸고도는 새로운 변혁의 힘은 새 시대의 변화를 몰고 왔다. 이처럼 '민중 속으로!'를 표방한 '브나로드운동은 1930년대의 특징이 되었다. 문제는 계급해방을 표방하는 공산당의 파업과 가두(街頭) 투쟁으로 폭발하면서 내부적으로 분열했다는 것이다.

때마침 일제는 조선공산당을 계급투쟁이라는 사상으로 무장한 반사회적 집단으로 매도하고 탄압했다. 일본에서도 공산당과 무정부주의 사회주의자를 가차 없이 탄압하고 사회적으로 격리했다. 그들은 군국주의 제국건설에 저항하는 세력을 몹시 경계했다.

1941년 영국군을 격퇴하고 싱가포르를 함락시킨 일제는 점령을 기념해 소학교 학생들에게 고무공을 나누어주었다. 언제 어떻게 어디로 튈지 모르는 고무공은 당시 천하를 통일하려던 일제의 욱일기로 표현되는 '태양의 제국'의 모습을 대변했다. 우리 민족의 자유, 독립, 해방 투쟁 운동은 현실의 벽을 넘지 못하고 시들어 버렸다. 8·15해방은 실제로 미국의 원자폭탄 투하로 다가왔다.

이런 시대 상황에서 이가순, 이원재 부자는 원산, 연해주, 만주 하얼빈, 강릉, 서울을 거쳐 1933년 고양군으로 이주했다. 그때 이가순의 나이 66세였다. 3·1만세운동, 학교 설립, 노동운동, 신간회 운동, 독립군 자금지원으로 끝나지 않았다. 이들은 고양군으로 이주한 뒤 17년간 혼돈과 절망의 시대에서도 이념과 무장투쟁을 넘어서는 실질적인 '브나로드' 운동을 했다. 당시로서는 거금인 48만 원의 사재를 투입하여 농민들과 협조체제를 이뤄 건실한 수리·관개 사업을 하고 고양수리조합을 설립했다. 어린 딸들과 손자들은 70세가 넘은 할아버지가 산을 뚫어 수로를 만드는 것을 목격했다. 건국에 버금가는 농촌경제 자립의 틀을 만들었던 셈이다. 9백여 개 농가에 농지 소유의 기회를 만들어 주었고 5천여 농가에 삶의 여유를 선사했다. 이것은 일본 땅에 떨어진 원자폭탄보다 더 큰 가치가 있었다. 이런 이가순 부자에게 존영(尊影)이나 영웅(英雄)이란 칭호는 아깝지 않다. 미국이 원자폭탄으로 일본의 항복을 받아내고서야 북한에 진입해 강제로 농지개혁을 한 빨치산 1세대를 향한 영웅 호칭은, 이들 부자에 비하면 오히려 빛이 바랠 뿐이다.

I

망향

조선(朝鮮)의 몰락

19세기 서구의 과학기술, 자본주의와 경제력, 군사력 발전은 제국의 식민지 지배 경쟁을 불러왔다. 아시아, 아프리카, 라틴 아메리카에 식민지 지배가 시작되었다. 미래에 대한 낙관론이 팽배해지고 민주주의가 널리 퍼지면서 전제적 봉건주의가 청산되어 갔다. 그 반면에 경제적 불평등으로 비인간화되어가는 노동자와 농민의 문제를 해결하려는 사회주의 운동도 일어났다. 대표적인 것이 카를 마르크스주의다. 카를 마르크스는 자본주의를 추종하는 기독교를 비판했다. 이런 위기 가운데 미국을 중심으로 복음주의적 영적 각성 운동이 세차게 일어나 교회가 부흥하고 해외 선교가 활발해졌다. 일본은 우리보다 22년 일찍 (1854년) 미국에 문호를 개방하고 메이지유신을 단행해 근대국가 체제를 정비했다.

그에 반해 우리나라는 추세에 동떨어져 주자학 공리공론의 껍질 속에 안주하고 있었다. 영조, 정조 때 실학사상이 대두되어 변화의 물결이 일어나는 듯했다. 하지만 순조(안동김씨), 헌종(풍양조씨), 고종(대원군) 때에 세도정치가 기세를 부리던 보수적 지배계층은 이에 위협을 느껴 실학파 대다수가 천주교인이라는 이유로 민족의 발전보다는 일족의 영화와 전제정치를 유지하기 위해 신유박해(1801년), 기해박해(1839년), 병인박해(1866년) 등 천주교 탄압이 있었다. 이는 실학파 지도자와 신부들이 순교했고, 8천 명의 교인들이 학살되는 비극적인 사건이었다.

섭정에 나선 대원군은 프랑스 신부의 순교에 항의하는 프랑스 군함의 압력을 격퇴하고(병인양요), 미국 상선 제너럴셔먼호 피격 침몰에 대한 1871년 미국 군함 공격을 격퇴하면서(신미양요) 척화비를 세우고 통상수교를 거부하는 쇄국정책(鎖國政策)을 더욱 강화했다. 하지만 열강의 개방 압력은 계속되었고 서원철폐로 양반들이 반발했고 경복궁 중축으로 서민들의 원성이 자자했다. 게다가 개화론자들의 반발로 사면초가에 놓이자 고종의 비 명성황후가 왕의 친정(親政) 체제를 구축해 대원군을 추방하고(1873년) 개국정책을 시행했다.

세도정치와 붕당정치에 찌든 조선왕실은 무능했고, 백성을 보호할 능력도 없었으며 관료들은 부패해서 사리사욕에 빠졌다. 위기 때는 겁쟁이였고 평안할 때는 늑대였으니 도적의 정부라고 해도 과언이 아니었다. 국민들 또한 무지해서 불의에 무디어졌고 공동체 정신이 사라졌으며, 거짓과 게으름에 빠져 살면서 희망을 잃고 탄식하며 방황했다.

그런 틈을 타 일본은 조선 침략을 궁리했다. 해양 탐사선 운양호를 강화도에 접근시켜 교활하게 공격을 유도한 뒤 이를 구실로 군함 6척을 파견하고 개방을 압박해 1876년 조일수호조규(강화도조약)를 맺었다. 그러나 이것은 협박에 따른 불평등 조약이었다. "조선은 자주 국가로서 일본과 평등한 권리를 보유한다"라는 첫 조항은 사탕발림에 불과했다. 오히려 사실은 주종관계로 지내오던 중국과의 관계를 끊게 함으로써 일본의 조선 침략을 수월하게 하자는 포석이었다. 그런 의도에 따라 "부산, 인천, 원산을 개항한다", "일본은 조선의 영해를 자유롭게 측량할 수 있다", "일본인이 조선에서 범행했을 경우 일본 법관이 심판한다" 등의 치외법권에 관한 주장이 담겼다.

일본은 미국이 조선과 수호조약을 맺지 못하도록 교묘하게 방해했다. 그러나 청나라는 일본의 조선 지배를 견제할 양으로 조미수교를 중재했고, 조선도 러시아의 침략을 막기 위해 미국과의 수교가 필요하다고 판단해 1882년 제물포에서 청국 사신들의 입회하에 조미수호통상조약이 조인되었다.

이 조약은 불평등한 조일수호조규와는 달랐다. "조선과 미국은 영원한 화평과 우호를 지키되, 만일 제3국이 한 편 정부에 대하여 부당하게 경모(輕侮)하는 일이 있을 때는 상대편 정부는 그 사건의 통지를 받는 즉시로 원만한 타결을 가져오도록 최선을 다함으로써 그 우의를 표하여야 한다", "양국 통상에 이용되는 항구에 영사 등을 파견하되 교섭하는 현지의 관리들과 같은 품급의 상당한 대우를 하도록 한다. 양국의 공사 및 영사 등은 각종의 은시(恩施)와 피차 동등한 최혜국(最惠國)의 특권을 누린다", "만약 조선에 파견된 미국 영사 등의 관원이 불합리하게 일을 처리하는 경우에는 반드시 미국 공사에게 알려서 서로 의견이 일치할 때에 한하여 비준문빙(批准文憑, 증명서)을 회수할 수 있다"는 내용이었다.

1883년 7월에 미국 전권공사 푸트가 부임한 이후 1884년 7월 3일 고종은 조선에서 학교와 병원사업을 할 수 있도록 윤허했다. 이 일에 힘쓴 이는 개화정책을 주도하던 김옥균(통상통리사무아문 협판)과 윤치호(푸트공사 통역관, 통상사무아문 주사)였다.

윤치호는 이날의 감격을 일기장에 이렇게 남겼다. "주상께서 미국 상선의 내해 항해와 미국인들이 병원과 학교를 설립하는 일, 전신 설치를 허락하셨다."

이로써 미국 감리교회 선교사들이 병원과 학교를 설립할 수 있는 계기가 마련되어 1885년 4월 5일 부활절 이후 스크랜턴 의사, 스크랜턴 대부인, 아펜젤러 선교사가 서울에 정착했다.

감리교회의 선교 역사는 일본의 조선 침략과 종말의 궤적을 같이했다. 기독교가 서울, 인천, 평양에 활발하게 전파되었으나 강대국의 한반도 침략도 노골화했다. 밖으로는 중국을 두고 일본, 러시아, 프랑스, 독일, 영국의 패권 다툼으로 긴장이 고조되었고, 안에서는 친일파, 친중파, 친러파의 주도권 다툼이 치열했다. 1894년 1월 동학혁명이 일어나 이를 진압할 능력이 없는 정부가 청나라 군대를 끌어들이자 일본도 군대를 파견했다. 청일전쟁이 일어났으나 일본이 승리했다. 명성황후는 친러 내각을 수립했으나 일본인의 명성황후 시해 사건으로 친일 내각이 들어섰다. 그러자 다시 친러파가 고종을 러시아 공관으로 파천시키고 친러 내각을 조직하여 이권을 러시아에 넘겨준다는 밀약을 체결했다.

일제는 가만히 있지 않았다. 중국을 두고 러시아가 패권을 행사하자 영국과 일본은 영일동맹을 맺고 일본은 조선 이권을, 영국은 중국 이권을 나누기로 양해했다. 일본은 러시아에 만주 철군과 조선에서의 이권을 포기할 것을 요구했다. 러시아가 만주에서 철군하지 않자 1904년 2월 선전포고도 없이 여순항을 기습하는 한편, 인천항에 있던 러시아 군함 두 척을 격침하며 러일전쟁을 일으켰다. 일본은 예상을 뒤엎고 러일전쟁에서 승리했다.

조선은 강대국 사이에서 흥정 대상물로 전락했다. 1905년 7월 29일, 미국은 러시아의 남하를 견제하기 위해 일본과 가쓰라·태프트 밀약을 맺었다. 미국은 일본의 조선 지배를 인정하고 일본은 미국의 필리핀 지배를 묵인하며, 극동에서의 평화유지를 위해 미국, 영국, 일본 3개국의 실질적인 동맹 관계를 확보한다는 내용이었다. 그 결과 영국도 조선에 대한 일본의 권한을 인정하고 그 대신 인도에 대한 지배권을 확보했다. 조선을 편들어 줄 강대국은 어디에도 없었다. 일본이 한국의 주권을 강탈하는 데는 아무런 장애가 없었다.

고종은 조미수호통상조약을 근거로 미국의 도움을 얻으려고 신임하던 감리교회 헐버트 선교사를 통해 루스벨트 대통령에게 친서를 전달하려고 했으나 이를 알아차린 일제는 1905년 11월 이토 히로부미(伊藤博文)를 특명 대사로 조선에 급파해 강압적으로 을사늑약을 체결했다. 이 조약의 요지는 외교권 박탈이었다. 그 내용을 보면 일본 외무성이 조선의 외무를 지도 감독하고 외국에 있는 조선인은 일본 영사가 보호하며, 조선 정부는 일본 정부를 거치지 않고는 어떠한 국제적 조약도 맺을 수 없다는 것이며, 조선의 외교 사항을 관리하기 위해 황제(고종) 밑에 일본 통감을 둔다는 것이었다.

헐버트는 워싱턴에 도착해 루스벨트 대통령을 만나려고 했으나 이미 일본으로부터 을사늑약 전문을 받아 본 대통령은 헐버트를 상대해주지 않았다. 고종의 친서는 휴짓조각이 되어 버렸다. "최근 일본과 체결했다는 보호조약은 강압적으로 맺어진 것이므로 무효임을 선언한다. 거기에 동의한 일도 없고, 앞으로도 결코 그럴 리가 없을 것"이라는 고종의 답장도 무시되었다. 고종의 보호자는 일제였다. 국제 관계는 냉혹했다. 미국은 이미 일본의 속국이 된 한국 문제에 관여하고 싶어 하지 않았다.

반일 감정이 전국적으로 일어났다. 황성신문 주필 장지연은 을사늑약 전문을 보도하며 '시일야방성대곡(是日也放聲大哭)'이란 논설을 썼다. 최익현은 상소문을 써서 항의했고, 민영환은 자결했다. 격분한 민중은 을사5적을 습격했고 이완용과 박제순의 집을 불 질러 버렸다. 1907년 헤이그 밀사 사건을 빌미로 고종 강제 퇴위, 사법권·경찰권 박탈, 관리 임용권 박탈, 한국군대 해산 등을 담은 정미7조약을 강제로 체결했다.

그러자 일제의 침략에 저항하는 다양하고 조직적인 저항운동이 일어났다.

이런 국내외 정세에도 불구하고 미국 선교사들은 한국인을 사랑하여 서울, 인천, 평양, 공주, 개성, 원산, 철원, 춘천 등에 선교부를 두고 병원과 학교와 교회를 세우고 가르쳤다. 정부가 해야 할 일을 대신한 셈이다. 하디 선교사의 공개 회개로 촉발된 원산·평양 부흥 운동은 전국으로 퍼져나갔다. 국권 상실의 서러움은 신앙의 열정으로 승화했다. 기독교 지식인들은 천부적 인권과 자유와 해방과 평등의 가치를 자각하고 항일비밀결사체(신민회, 대한자강회, 구국회 등)를 조직해 일제에 저항했다.

일본에는 미국 선교사와 기독교가 최대의 적이었다. 절대 공존할 수 없는 종교이자 존재였다. 한편 선교사들은 미국 정부로부터 한국의 내정에 간섭하는 경우 보호받을 수 없다는 경고를 받고 한국 교인의 항일운동을 안타까운 마음으로 바라볼 수밖에 없었다.

그러나 일본은 민족주의 운동을 박멸할 목적으로 일진회(一進會)를 앞세워 1910년 경술국치까지 우리 민족의 분열과 회유를 꾀했다. 일진회는 1904년 8월 18일 서울에서 일본군 통역관 송병준(宋秉畯)과 독립협회 출신 윤시병과 유학주, 그리고 천도교 이용구가 조직한 대한제국 시기의 대표적인 친일단체로, 천도교인을 포섭해 회원 수가 10만 명이었다. 겉으로는 황실과 인민의 생명과 재산 보호, 정부의 개선 등 국정개혁 강령을 표방했으나 뒤로는 막대한 자금을 받고 을사늑약의 타당성과 고종의 하야를 촉구하는 시위를 벌였다. 1910년 대한제국이 일제에 강제 병탄될 때까지 일제 군부의 배후조종 하에 합방성명서를 발표하고 표리부동한 행각을 벌였다.

송병준, 이완용은 그 대가로 대신으로 기용되어 내각을 장악했다. 일진회 간부들 역시 도지사, 군수에 기용되었다. 일진회와 대립했던 대한자강회는 해산당했고 이어서 조선군은 해산되었으며 경술국치 공작이 진행되었다.

전국적으로 항일의병이 봉기하자 별도의 '자위단'을 조직해 의병을 폭도로 여기고 토벌에 앞장섰다가 의병들의 격분을 사게 되어 1908년 5월까지 일진회원 9,260명이 사살되기도 했다. 강화도에서는 이동휘를 중심으로 일진회 회원인 강화군수를 처단하고 갑곶에 주둔하던 일본군 병사를 사살했다. 그러나 일본군 헌병대가 출동해 강화읍교회 김동수, 김영구, 김남수 3형제가 일본 헌병에 체포되어 재판도 받지 못하고 갑곶나루 아래 더러미 해안가에서 총살당했다.

경기도 이천의 구연영은 1904년 이천읍교회 초대 전도사로 부임해 교역자, 청년들과 구국회를 조직해 민족계몽운동을 하다가 정미7조약으로 군대가 해산되자 적극적으로 반일운동에 나섰다. 일진회의 고발로 구연영 전도사(44세), 구정서 전도사(25세) 부자(父子)는 일본군 헌병대에 체포되어 재판도 받지 못하고 이천 미곡상 동편 언덕 회나무 밑에서 팔과 다리가 잘린 상태에서 즉결 총살되었다. 이들은 한국 교회사에서 첫 번째 순국 목회자였다. 의병활동이 활발했던 천안지역에서도 일본군의 탄압이 있었다. 교회가 불탔고 교인들이 총살되었다.

기독교인들의 무장독립운동이 국외에서도 일어났다. 일본 정부의 추천을 받은 대한제국의 외교 고문인 미국인 스티븐스는 1905년 을사늑약과 1907년 정미7조약을 계획한 공로로 일본 정부의 훈장을 받고 1908년 3월 포상 휴가차 미국으로 귀국했다. 그리고는 언론에 '조약체결로 조선에 이익이 되는 일이 많아지고 있다'라며 사실을 왜곡하는 내용을 기고했다. 그러자 이에 분노한 장인환이 샌프란시스코에서 총으로 스티븐스를 저격했다. 이 일로 장인환은 25년 금고형을 선고받고 복역하다가 10년 8개월 만에 가석방되었다.

일진회가 장악한 각의는 1909년 7월 데라우치 통감이 제안한 '한국병합처리방안'을 의결했다. 1910년 8월 22일 을사늑약이 강압적으로 체결되었고 1주일 뒤 1910년 8월 29일 우리나라는 완전히 몰락했다.

일진회는 데라우치 통감에 의해 1910년 9월 26일에 모든 사회단체가 해산될 때 15만 원을 받고 해산됐다. 논공행상으로 송병준은 조선 귀족 자작 작위를 받았고, 이용구는 10만 원(현재 약 250억 원)을 받았다.

망향

　이가순은 1867년 11월 15일 황해도 해주에서 전주이씨 성종의 8남 익양군의 13세손으로 아버지 종성과 어머니 해주오씨 사이에서 장남으로 태어났다. 7대에 걸친 선조의 고향은 황해도 송화군 천면 대야리 방아다리 마을이다. 큰 키는 아니었지만 몸은 다부졌다. 책임감이 강하고 성격은 단호한 편이었다. 천성이 부지런하고 머리가 명석했다. 그는 17세에 김령김씨(20세)와 결혼해 20세에 장남 원재를, 22세 때 차남 형재를 얻었다.

　나라 안에서는 100여 년 동안 세도정치가 계속되어 매관매직과 과거시험의 부정, 지방 수령들의 수탈, 아전들의 농간 등이 극에 달했고, 농민들의 생활은 삼정, 즉 전정(토지세), 군정(군역세), 환정(고리 환곡)의 문란으로 견딜 수 없을 만치 피폐해졌다. 그 때문에 80년 동안 1811년 홍경래의 난, 1862년 임술농민봉기, 진주농민봉기, 제주농민봉기, 1894년 동학농민운동과 같은 민란들이 일어났다. 농민들 스스로 일으킨 반

봉건 운동이었다. 반면 양반 관료 중심의 갑신정변, 갑오개혁은 농민의 요구를 반영하지 못해서 빛을 보지 못했다.

왕정은 힘없는 백성에게는 군림했으나 외세에는 무력했다. 일제는 군대를 파견하고 관군과 합동해 동학농민운동을 잔혹하게 진압했다. 통상수교 거부정책으로 쇠락한 국권을 감추던 왕정은 발가벗겨져 유린당했다.

이가순은 일제의 침략에 대해 무력한 왕정을 더 이상 믿을 수 없었다. 청일전쟁(1894년) 후 일제의 한반도 침략이 본격화될 것이라는 걱정으로 동생 달현에게 농사를 맡기고 부모와 가족을 보살펴 달라고 부탁한 뒤 연해주(블라디보스토크)로 망향의 길을 떠났다.

연해주는 본래 고구려 때부터 우리 민족의 땅이지만 러시아가 1860년 중국으로부터 이전받은 땅이다. 그리고 1861년부터 이민법을 시행해 이주민을 받아들였다. 블라디보스토크는 러시아 동해 연안의 최대 항구도시로서 군항이다. 또 북극해와 태평양을 잇는 북빙양(북극해) 항로의 종점이자 시베리아철도의 동쪽 끝(종점)이기도 하다. 해안을 따라 구릉 위로 시가지가 펼쳐져 있다.

한국인들은 1863년의 기근과 계속된 흉년으로 농민들의 생활이 몹시 어려워지고, 탐관오리의 착취에 못 이겨 전국에서 고향을 떠나온 주민들이 점차 연해주로 이주해 한인촌을 이루었다. 1867년에는 999명이었고, 1869년에는 북녘의 대기근으로 1만 명이 이주했으며, 1900년 초에는 한인 이민자 수가 32,380명으로 늘어나면서 연해주는 해외 항일독립운동의 거점이 되었다. 또 1905년 을사늑약 이후에는 의병 기지로 바뀌어 1907년 정미7조약 이후 의병으로 활동하던 이들이 연해주와 만주로 모여들었다. 1910년 경술국치 후에는 한인 이민이 더욱 급증해 1914년에는 교민 수가 6만 3천 명에 이르러 블라디보스토크에 대규모 신한촌이 건설되었다.

또 1918년부터 시행된 일제의 토지조사사업으로 농지를 빼앗긴 많은 농민이 이주해 1923년 25만 명의 한인이 거주하게 된 연해주는 민족운동의 요람이 되었다. 380개나 되는 한인학교가 세워졌고, 6종의 잡지와 7종의 신문을 발행할 정도로 활발한 민족운동이 일어났다.

만주 역시 비슷한 상황이었다. 1910년 경술국치 이전에 만주지역에 살던 한인 이주민들 대부분은 착취와 굶주림을 피해 온 함경도와 평안도 사람들이었다. 그런데 1900년 7만 5천여 명이 이주해 촌락을 이루고 살았으나 경술국치 이후 정치적인 망명이 눈에 띄게 늘었다. 게다가 일제의 토지수탈이 가속화되면서 농지를 빼앗긴 농민들이 점점 더 많이 이주해 경술국치 이후 10만 5천 명, 1920년 46만 명, 그리고 해방 당시에는 200만 명이 이주했다. 특히 논농사에 뛰어난 남부지방 농민들의 이주는 만주지역 논농사가 더욱 발전하는 계기가 되었다.

그러나 한인들의 만주 이주는 중국 정부와 일본 정부의 대립으로 선의의 피해를 보는, 매우 불리한 환경 속에서 이루어진 것이었다. 일제는 한인을 신민으로 보호한다면서 그들을 이용해 토지를 매입하는 등 세력을 확장하는 데 치중했다. 그 때문에 중국 지방정부는 한인에 대해서 일본의 주구라는 부정적 인식을 했다. 그렇지만 결과적으로 한인 이주의 증가는 독립운동의 인적, 물적 토대를 마련하는 계기가 되었다.

이가순이 만주가 아니라 연해주를 망향지로 정한 이유는 한 가지였다. 일본군이 주둔했던 시기(1918년~1922년)를 제외하고는 감시가 소홀해서 간도나 만주보다 연해주가 독립운동을 하다가 만주나 한국 땅을 드나들기에 좋았기 때문이다.

이가순은 연해주에서 농지개척 분야에 능력을 발휘하면서 한인촌의 민회에서 활동했다. 1914년 교포들의 자치회인 민회와 권업회 병합문제와 관련한 기사가 실린 권업신문에 이가순의 이름이 등장하는 것을 보면 알 수 있다. 권업회는 1911년~1914년에 블라디보스토크 한인촌에 조직된 항일독립운동단체였다. 초대 회장은 최재형, 부회장은 홍범도였다. 이상설과 이종호도 중요한 임원으로 활동했다. 13개 부서가 있었고, 주변 마을에도 지부가 설치되어 있어서 항일 운동가들이 회원으로 가입해 활발하게 움직였다. 권업신문은 권업회 기관지이자 연해주 한인들의 대변지로서 교민들의 지위 향상, 반일투쟁 실력의 배양, 민족의식 배양을 위한 언론이었다. 장지연, 신채호, 이강 등이 주요 필진으로 활동했다. 권업회는 회원이 8,500명에 달할 만큼 연해주의 대표적인 항일독립운동단체였으나 일본의 항의로 1914년 러시아 정부에 의해 강제 해산되었다.

이가순은 권업회가 민회와의 병합을 목적으로 민회와 권업회의 청

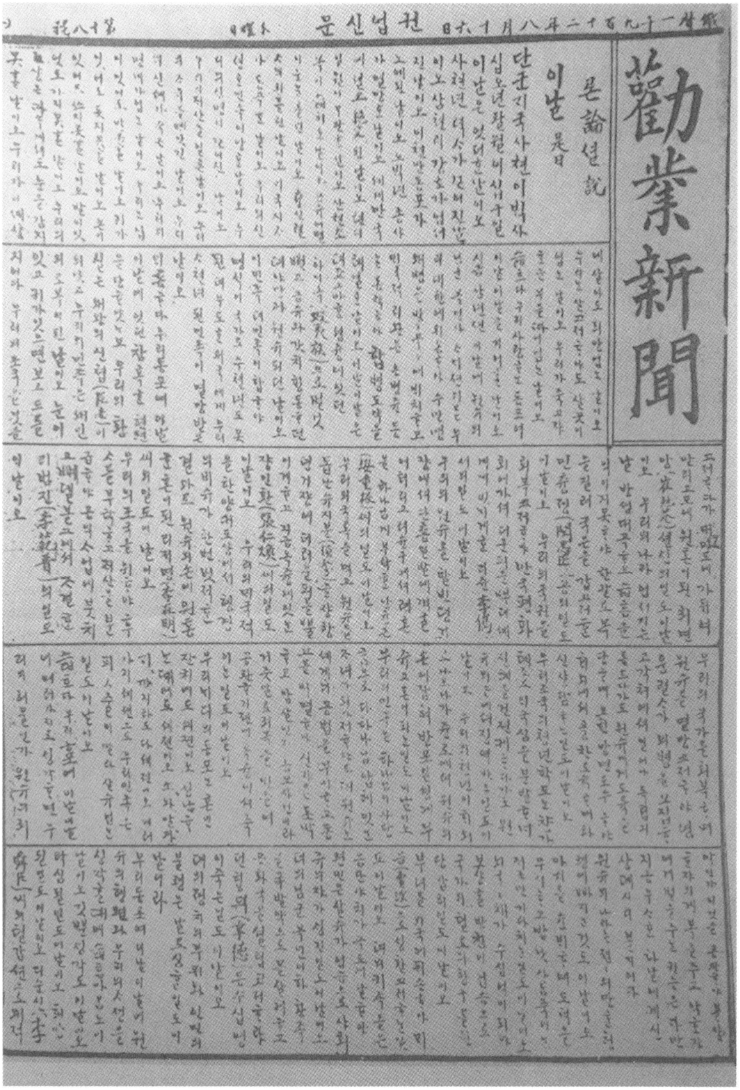

권업신문

勸業新聞

론論셜說

이날

권업신문 1912년도 8월 16일 논설

결 사업을 권업회로 일원화하려는 것은 민회의 자멸과 다름없다며 반대 의사를 표명하는 등 한인사회 문제에 적극적으로 관여했다. 권업회를 부정하려는 것이 아니라 두 단체가 서로 보완하여 발전하는 것이 바람직하다는 의견이었다.

이가순은 홍범도와 나이가 비슷했다. 홍범도 장군 같은 많은 민족운동가가 연해주를 근거로 하여 일제의 감시를 피해가며 함경도와 간도, 연해주와 만주를 넘나들며 무장독립운동을 했다. 1918년 8월 일본군이 한인(韓人) 민족운동을 말살하기 위해 연해주 지방에 주둔하게 되자, 홍범도는 대한독립군을 결성해 1920년 6월에는 봉오동전투에서, 10월에는 청산리전투에서 최진동, 김좌진 부대와 연합해 일본군을 대파하고 승리를 거두었고, 그 외에도 많은 전투에서 일본군을 무찔렀다. 그러자 일제는 본격적인 독립군 토벌에 나섰다.

1937년에는 스탈린이 17만 명에 이르는 연해주 한인을 여러 차례에 걸쳐 시베리아 열차에 실어 강제 이주시켰다. 홍범도 장군도 이때 카자흐스탄으로 옮겨 생활하다가 1943년 10월 크즐오르다에서 사망했다.

원산

이가순은 연해주에서 기독교에 귀의해 여러 동지와 함께 독립운동에 힘썼다. 그러다가 어느 날 고향에 두고 온 아내가 먼저 세상을 떠났다는 비보를 들었다. 하지만 아내의 장례식에도 가 볼 수 없었다. 그나마 둘째 아들이 작은아버지 밑에서 농사를 도우며 어머니를 모시고 지낸다는 소식에 위로를 받았다.

이가순은 1909년 원산에 잠입해 약종상을 운영하며 상리교회와 광석동교회를 거점으로 전도사역을 하며 새로운 동지를 규합했다. 김애화와 재혼해 새 가정을 이루고 1911년 큰딸(인숙)이 태어났다.

원산은 함경도, 만주, 연해주를 드나드는 통로였다. 하디 선교사로 인해 원산·평양부흥운동이 활발하던 시기였다. 원산·평양부흥운동의 소문이 국내만이 아니라 만주와 연해주까지 퍼져 있었다. 1906년에 감리교와 장로교 사이의 선교지 분할협정으로 원산은 감리교회 선교부로 넘어오고, 간도는 캐나다 장로교회 선교부로 넘어갔다. 또한, 경술국치에 이어 정미7조약이 강압적으로 불평등하게 체결된 뒤 의병이 일어나 매국노와 일진회를 공격했고, 1909년 10월 안중근과 우덕순이 이토 히로부미를 하얼빈역에서 저격했다.

원산은 부산과 제물포처럼 중요한 개항지였다. 미국 감리교회 선교부는 1892년 8월에 이미 서울, 인천, 평양에 이어 4번째로 원산을 함경도의 선교 거점으로 정하고 의료선교사 맥길을 파송해 시약소와 교회, 서점을 세웠다. 그리고 1900년부터는 의료선교사 하디와 로스를 파송해 구세병원, 루시여학교, 초등학교, 간호학교, 보혜성경학원, 종합여성센터 등을 세웠다.

상리교회는 원산 선교의 중심이었다. 1903년도부터 시작된 하디 선교사의 활발한 부흥 운동으로 1907년에는 교인 수가 500명으로 늘어 예배당을 건축했다. 1910년 경술국치 이후 주한명, 오화영, 정춘수, 신석구, 노병덕, 이호빈, 전진규 목사 등이 이어서 담임했다. 1931년 남북감리교회 합동 이후에는 상리, 중리교회가 합병해 원산중앙교회로 개명하고 1937년에 아름답고 웅장한 새 예배당을 건축했다.

선교가 활발해지면서 일제의 감시가 심해지자 이가순은 원산에서 연해주와 만주를 드나들었다. 용정지역에 이주민들이 급증하자 '싼진'이라는 중국인이 원산으로 한글 성경과 전도 책자를 구하러 온 일이 있었다. 이런 소식이 들리자 1908년 감리교회 연회의 결의로 이화춘 전도사를 간도에 파송했다. 이화춘은 개성 보부상 출신으로 1901년에 세례를 받은 후 서울 창녕교(광희문)교회와 개성 남부교회에서 전도사로 활동했는데, 간도 선교사로 파송 받은 뒤 권서인, 이응현과 함께 용정으로 갔다. 이들은 '싼진'의 도움으로 용정 북서부 지역에 책방을 내고 전도에 힘써 와룡동교회와 모아산교회를 세우는 등 1년 동안 교회를 9개나 개척했고, 교인 수도 500명에 이를 만큼 부흥시켰다.

안중근은 황해도 신천 출신으로 천주교인이었다. 우덕순은 상동교회 엡윗청년회('엡윗'은 한자로 '의법(懿法)'이며, 의법은 '올바른 모본'이란 뜻) 회원이었다. 우덕순은 을사늑약 후에 러시아 연해주에서 교포 자녀들을 위한 계동학교를 설립하고 의병활동을 하다가 안중근을 만나서 채가역과 하얼빈 역에서 각각 이토 히로부미 사살 계획을 세웠으나 기차가 채가역에 정차하지 않고 통과해 하얼빈 역에서 정차했고, 안중근이 기차에서 내리는 이토 히로부미를 권총으로 사살했다. 이 사건으로 안중근은 살인죄로 기소되어 뤼순감옥에서 사형당했고, 우덕순은 살인방조죄와 의병활동죄로 병합 기소되어 5년형을 받고 옥고를 치렀다.

평북 선천 출신 이재명은 신민회와 연락을 취하며 이토 히로부미와 매국노 이완용과 이용구를 처단할 기회를 노리다가 이토 히로부미가 안중근에게 사살되자, 1909년 12월 군밤 장수로 위장하고 기다리다가 명동성당 미사를 마치고 인력거를 타고 내려오던 매국노 이완용을 칼로 찔러 중상을 입혔다. 이 사건으로 이재명은 살인미수죄로 사형선고를 받고 서대문형무소에서 교수형을 당했다. 목숨을 건진 이완용은 1910년 8월 조선총독부 데라우치 통감이 제시한 "한국 정부에 관한 일체의 통치권을 완전히 또한 영구히 일본에 이양한다"라는 내용의 경술국치 조약안에 비밀리에 서명했고, 8월 29일 순종의 명의로 공포했다. 망국의 한은 사무쳤고 망명객은 늘어만 갔다.

신민회는 1911년 '105인 사건'이 터진 후에 세간에 알려졌는데 400~800명으로 추정되는 신민회 회원 중 70퍼센트는 기독교인과 기독교계 청년과 학생 단체 회원이었다. 일제는 1910년 경술국치 후에 기독교를 탄압할 목적으로 김구 등 160명을 옥에 가두고 데라우치 총독 암살미수 사건(안악 사건) 날조를 시작으로 1911년 윤치호 등 신민회 회원 700명을 체포해 105인 사건을 조작했다. 잔인한 고문을 받고 123명이 기소되었고 105명이 유죄판결을 받았다. 주로 기독교인이었다. 이때 노불, 빌링스, 폴웰 선교사도 검거되어 조사를 받은 것이 미국 선교부를 통해 전 세계에 알려졌고, 미국이 강력하게 항의하자 1914년에 3년~10년 중형을 선고받은 모든 피의자가 풀려났다. 이때 전덕기 목사는 감옥에서 모진 고문을 받아 얻은 폐결핵과 가슴막염(늑막염) 때문에 빈사 상태에서 병보석되었으나 얼마 뒤인 39세에 별세했다.

이가순과 노백린 장군

노백린 장군

노백린(盧伯麟, 1875.1.10~ 1926. 1.22)이 태어난 황해도 송화군은 이가순의 선조들이 살던 곳이다. 두 사람은 한 고향 사람이었고 이가순의 아들 원재가 서울 태극학교에 진학하면서 노백린 장군의 총애를 받았다. 원재는 세브란스의과대학에 다니면서 노백린 장군 집에서 가정교사를 했는데, 나중에 큰딸 숙경과 결혼하게 되면서 이가순과 노백린은 사돈관계가 되었다. 하지만 이가순은 아들의 결혼식에 가지 못했다.

황해도는 조선 1557년부터 부패한 정부에 저항하는 민란이 일어났던 곳이다. 벽초 홍명희의 소설 '임꺽정'도 실제로 1559년 황해도 구월산과 봉산을 근거지로 하여 전국을 휩쓸었던 백정(白丁) 출신의 의적 이야기이다. 1697년 황해도에서 일어난 광대 출신 장길산은 구월산 본거지를 중심으로 농민봉기를 일으켰다. 조선왕조실록에는 장길산에 대해서 "금강산의 승려 운부를 중심으로 한 승려 세력과 장길산이 손잡고 지방의 유력자들을 포섭해 조선뿐 아니라 중국까지 전복하고 정씨 성을 가진 사람과 최 씨 성을 가진 사람을 각각 세워 새로운 나라를 세우려고 했다"라고 기록하고 있다. 장길산은 백성들이 억눌려 살지 않도록 잘못된 제도와 싸우고 백성의 세상을 세우려고 했다.

일제강점기에도 구월산(九月山) 주변인 신천군 출신의 안중근, 안악군 출신의 김호영과 김홍량, 송화군 출신의 노백린 등이 조직적으로 독립운동을 했다. 이가순의 고향도 송화군이었다. 황해도는 면학회, 양산학교, 해서교육총회를 중심으로 교육 구국 활동으로 항일운동이 활발했던 곳이다. 최명식, 송종호, 김구, 노백린, 이광수 같은 이들이 주역이었다. 일제는 황해도 안악군 교육 구국 운동을 민족운동의 핵으로 보고, 신민회를 무산시키려고 1910년 데라우치 총독 암살미수 사건(안악 사건, 안명근 사건)을 조작했다. 이 사건으로 안명근, 김구, 김홍량, 최명식 등 15명을 기소해 5년~15년 형을 선고했다.

신천군은 해방 후 무상몰수, 무상분배라는 북한의 토지개혁에 크게 반발했다. 우익과 좌익의 이런 갈등으로 6·25전쟁 상황에는 구월산유격대(반공청년단)가 조직되어 국군을 도와 활약했다. 1950년 10월에는 '신천민간인학살사건'이 발생했다. 이 사건은 1951년 피카소의 그림 '한국에서의 학살', 2001년에는 황석영의 장편 소설 〈손님〉의 소재가 되었다. 2002년 4월 21일 MBC 다큐멘터리 「이제는 말할 수 있다」 제57회 '망각의 전쟁, 신천군 사건'에서는 북한의 주장처럼 신천군 사건이 미군에 의해 주도되었다는 주장을 확증할 만한 증거를 찾지 못했다며, 신천 지역에서의 '좌우 대립의 결과'로 일어난 비극적인 사건이라는 내용이 방영되었다.

노백린은 어릴 때부터 남달리 키가 크고 침착하고 성격이 매우 호탕했다. 21세인 1895년에 황해도 대표로 대한제국 정부 관비생으로 뽑혀 이갑, 유동열 등과 함께 메이지유신 이후 급격하게 발전한 일본의 정치, 사회, 문화 전반을 배우기 위해 일본에 파견되었다. 이후 경응의숙(慶應義塾)을 거쳐 1899년 육군사관학교를 11기로 졸업했다.

1900년 10월 귀국한 노백린은 당시 민영환(閔泳煥)의 주선으로 한국 무관학교 교관이 되어 군대양성에 진력했다. 후에 부위, 정위, 참령, 부령, 정령으로 승진했으며, 육군무관학교장을 역임하기도 했다.

1905년 을사늑약 체결 후 이토 히로부미가 서울에 통감부를 설치하고 한국 측 고관들을 초청해 크게 연회를 베풀었다. 노백린도 이 자리에 초청되어 참석했는데 그는 이완용, 송병준 등 매국노들이 참석하고

1914년도 세브란스 의과대학 건물. 연세대학교 의과대학 동은의학박물관 제공

있다는 것을 알고 그 앞에 가서 "위리 워리" 하고 개를 부르는 것처럼 그들을 불렀다. 일본군 사령관 하세가와 요시미치(長谷川好道)가 알아차리고 칼을 빼 들고 덤비자 그도 같이 칼을 빼 들고 대결하려고 했다. 이 험악하고 돌발적인 사건을 본 이토 히로부미가 황급하게 만류해서 결투는 벌어지지 않았으나 연회장은 파연(破宴)이 되고 말았다.

1907년 8월 1일 한국군대 해산으로 무관학교가 폐교되자 군복을 벗은 노백린은 경술국치 이후 일제가 남작 직과 은사금을 주었으나 거절했다. 그리고 항일민족단체 신민회에 참여했고, 이어 해서교육총회(海西敎育總會) 회장이 되어 총무인 김구(金九)와 함께 해서교육총회를 지도하며 황해도 내 학교 설립과 계몽운동을 전개했다.

이가순의 장남 원재는 1913년 8월 20일에 세브란스의과대학 재학 중에 정신여고를 졸업하고 목포 정명학교 교사였던 노백린의 장녀 숙경과 결혼했다. 이원재는 1914년에 의대를 졸업하고 의사고시에 합격한 뒤 원산구세병원에 부임했다. 미리 원산에 들어와 있던 아버지 이가순과 만난 것은 이십 년 만이었다. 구세병원은 1892년 의사 맥길이 시작한 진료소였는데, 1901년 의사 로스가 파송되어 건물을 확충했다.

이원재는 노백린에게 아들보다 더한 사위였다. 그는 원산에서부터 처남과 처제를 돌봐주었고 후에 처제 순경은 이원재의 후배 의사 박정욱과 결혼했다.

노백린 장군은 1915년 7월 원산에 들러 구세병원 의사인 사위와 외손녀(인철)를 만났고 딸 숙경에게는 동생들을 돌봐주라고 부탁한 뒤 중

원산구세병원(1910년대)

국 상해로 갔다가 배편으로 다시 미국으로 망명했다. 해외에서 독립군 양성 기지를 개척하기 위해서였다. 그는 박용만이 하와이에서 대조선 국민군단을 조직해 군인양성을 시도하고 있다는 소식을 듣고, 독립군 양성에 함께할 목적으로 하와이행을 결심했다.

이 무렵 이가순은 아들 원재에게 노백린 장군의 독립활동을 도우라 며 만주 하얼빈 이주를 권유했다. 이원재는 아버지의 뜻을 따라 1916년 12월 하얼빈 중국인 거리에 고려병원을 개원해 8년간의 이국 생활을 하면서 노백린 장군의 든든한 지원자가 되어 주었다. 이듬해인 1917년 에는 아들 동훈이 태어났다.

노백린은 하와이에서 박용만과 함께 국민군단을 창설해 별동대장이 되어 독립군 양성을 위해 힘썼다. 병영을 건축했는데 공교롭게 국치일

(國恥日)인 8월 29일에 낙성식을 했다. 하와이 교포 600여 명은 감격에 젖었다.

1919년 3·1독립선언 후 한성 임시정부와 상해 임시정부의 내각에서도 노백린은 군무부 총장으로 선출되었다. 그는 이승만과 함께 파리 강화회의 대표자의 한 사람으로 추가 선발되었으나 앞으로의 승리는 하늘을 지배하는 자에게 있다고 확신해 파리강화회의 대표자 직을 사퇴하고 미국으로 건너갔다.

박용만은 하와이에서 이승만과의 갈등으로 1919년 5월 17일 연해주로 떠났다. 노백린도 더 이상 하와이에 머물 수 없었다. 그는 미주의 한인 청년들을 시베리아로 보내 군사학을 가르쳐 광복군으로 양성할 계획을 세우고 미국 순방을 계획했다. 평소 구상해 온 독립전쟁론을

대한민국임시정부 비행학교 1920년 캘리포니아 윌로스,
'미국가주한인비행대, 로백린 장군 지휘하에'

전파해 독립군 양성을 위한 미주 한인들의 후원을 끌어내려는 것이었다. 그는 시애틀을 시작으로 시카고, 뉴욕, 워싱턴, 샌프란시스코, 로스앤젤레스 등지의 한인사회를 순방했다.

그는 한인 동포들에게 큰 환영을 받았다. 동포들은 눈물을 흘리면서 3·1운동으로 얻은 외교적 동정심은 다 소비되었다며 독립전쟁의 필요성을 강조했다. 1920년 2월 20일, 미국 캘리포니아에 정착한 노백린은 앞으로의 전쟁은 공군력이 좌우할 것이라는 신념으로 한국 공군 역사의 효시가 되는 윌로우스 독립군 비행사양성소를 설립해 비행사 양성에 힘썼다. 국민회 총무 곽임대(郭林大)가 매월 600달러씩 재정 지원을 하겠다는 약속을 했고, 캘리포니아주에서 쌀의 왕으로 통하는 김종린(金鍾麟)이 비행사양성소 건설에 필요한 각종 항공시설 일체와 매월 3천 달러의 경비를 지원하기로 약속했다. 덕분에 1923년까지 비행사 졸업생들을 배출했으나 재정 부족으로 결국 폐교하고 말았다.

노백린은 그 뒤 연해주로 가서 항일계몽운동을 추진하다가 활동 여건이 여의치 않자 다시 상해로 돌아왔다. 한편 무관학교 출신 청년들과 함께 일제에 대한 무장 항일단체 설립을 추진했다.

그리고 국무총리 대리 신규식, 내무부 총장 이동녕, 교통부 총장 손정도, 김구 등 각료들과 함께 전 임정 총리 이동휘와 비서실장 김립(金立)이 소련 정부로부터 받은 독립운동 자금을 임시정부에 주지 않고 사회주의 정당에 사용한 것을 규탄하는 '임시정부 포고 제1호'를 발표했다. 1922년 6월에는 임시정부 이승만 대통령의 지명으로 국무총리 서리에 임명되었다. 그해 10월에는 군자금 모집을 위해 대한민국 임시정부 군무총장 명의의 격문을 작성해 국내에 파견원을 잠입시켜 전국 각지에서 군자금 모집 활동을 벌였다. 하지만 경상북도 특파원이 경찰서에 체포되는 일이 벌어졌다. 그것이 바로 의용단사건(義勇團事件)이었다.

노백린은 1923년 1월부터 정식 국무총리로 추대되어 군무총장을 겸직하면서 임시정부를 이끌었다. 그러나 임시정부는 재정난으로 활동 여건이 매우 열악해 5원의 경비조차 마련하지 못하는 상황이었다. 그 때문에 식사를 하루 한 끼로 버티거나 싸구려 중국 호떡으로 대신하는 일도 있었고, 심지어 자식을 중국인에게 넘겨주는 참상마저 일어났다. 교포들은 그에게 차라리 고국으로 돌아갈 것을 권유했지만 그냥 돌아갈 수도 없는 딱한 상황이었다.

1925년 4월 노백린은 임정 국무총리직을 사임하고 그해 5월 참모총장이 되어 독립군 육성에 헌신했다. 말년에 육군 정령 제복을 즐겨 입었다는 그는 정복을 어루만질 때마다 감회에 젖어 한국 군인으로서의 긍지를 되새기곤 했다. 또 "정복을 입고 말을 타고 남대문에 입성해보면 참으로 좋겠다"라는 말을 늘 입버릇처럼 하면서 실의와 좌절 속에서 세월을 보냈다.

강릉에 살던 큰딸 노숙경은 어느 날 아버지의 병환이 위중하다는 소식을 듣고 태어난 지 6개월밖에 안 된 딸(인영)을 등에 업은 채 상해로 향했다. 중국 여자로 변장해서 국경을 넘었고, 북경에서 기차를 타고 상해에 무사히 도착했다. 노백린은 2년 전부터 심장질환으로 자택에서

임시정부 국무총리 노백린의 묘(국립서울현충원)

노선경의 묘(국립대전현충원)

노순경의 묘(국립대전현충원)

요양 중이었는데, 딸 숙경이 갔을 때는 병세가 위독했다. 숙경은 침대를 놓아드리고 몸에 돌돌 감아 가져간 돈을 아버지께 드렸다.

　노백린은 그때 큰딸에게 평생 해왔던 것처럼 "국가와 민족을 사랑하라"라는 말을 했는데 그것이 결국 유언이 되고 말았다. 노숙경은 돌아올 때 당당히 일본 배를 타고 인천항으로 들어왔는데, 신분이 탄로 나는 바람에 일본 경찰에 체포되어 심문을 받았다. 하지만 외조부 친구의 도움으로 풀려나서 강릉으로 돌아올 수 있었다.

노백린은 큰딸이 왔다 간 지 얼마 지나지 않은 1926년 1월 22일 11시 45분, 상해의 한 양옥 단칸방에서 52세의 나이로 작고했다. 조선일보, 동아일보에 비보가 실렸다. 1926년 1월, 시신을 화장한 뒤 임시정부 국장으로 장례식이 치러졌다. 서울에서 추도식을 열려고 했으나 일본 경찰의 방해로 하지 못했다. 유골은 상해 송경령 묘 공원묘역에 안장되었다가 1993년 8월 다른 독립운동가 4위와 함께 국내로 봉환되어 서울 동작동 국립묘지 애국지사 묘역에 안장되었다. 종로구 계동 집터에도 노백린 장군 집터 표석이 설치되었다. 노백린 장군에게 건국훈장 대통령장이 추서된 것은 작고하고도 한참 뒤인 1962년 3월이었다.

노백린 장군의 조국독립 투지와 정신은 자녀들에게 고스란히 이어졌다. 큰딸 노숙경은 의사인 이원재와 함께 하얼빈에서 병원을 운영했는데, 독립자금을 지원하기 위해 직접 남장을 하고 상해를 오갔던 여장부였다.

큰아들 노선경은 만주 신흥무관학교를 졸업한 뒤 대한독립단에 가입해 활동했고, 그 역시 해외를 오가며 독립운동에 참여했다. 1920년 12월 26일 자 매일신문에서는 "임시정부 군무총장 노백린(盧伯麟)의 아들 노선경(24세)이 임시정부의 명령을 받아 하얼빈과 봉천과 황해도 방면에 출몰해 활동 중인데 2, 3일 전에 봉천 안동현에 와 있는 것을 국길 형사가 25일 오전 10시에 체포했다"라고 보도했다. 노선경은 이 일로 신의주형무소에서 3년 동안 옥고를 치렀다. 이후 미 전략정보국과 합동으로 '독수리작전'을 벌이며 항일전선을 구축했다.

작은딸 노순경은 세브란스병원 간호사로 근무하던 중 1919년 3·1운동 때 태극기를 만들어 만세를 부르다 시위 현장에서 체포되어 징역 6개월을 선고받았다. 서대문형무소 8호 감방에서 유관순과 함께 옥살이했고, 이후 중국에서 독립군을 지원했다. 그녀의 남편 박정욱은 세브란스병원 의사로 있으면서 독립군 군자금을 댔고, 중국 하얼빈으로 건너가서는 직접 독립군을 치료했다. 박정욱은 대한제국군 해산에 항거하며 "군대가 나라를 지키지 못하고 신하가 충성을 다하지 못하면 만 번 죽어도 아깝지 않다"라는 유서를 남기고 칼로 자신의 목을 찔러 자결했던 박승환 지사의 아들이었다.

작은아들 노태준은 이원재의 강릉 시절, 강릉농고 반일시위를 추진하다가 발각되자 아버지 노백린 장군이 묻힌 상해로 탈출했다. 이후 중국중앙육군군관학교에 입교했고, 임정의 광복군을 편성하는 데 매진했다. 또 김구가 이끌던 국민당에 가입해 활동했으며, 임시정부의 광복군 구대장(區隊長)으로 항일전선에 나섰다. 그러나 국내 진공 작전에 참여했지만, 일본의 항복으로 무위로 돌아갔다. 그는 광복 이후 임시정부 요인들이 모두 귀환하고 난 1946년 6월 3일, 5백여 명의 광복군 동지들과 함께 인천항을 통해 조국으로 돌아왔다. 대한민국 정부 수립 후에는 초대 국무총리 겸 국방부 장관으로 임명된 이범석 장군의 비서실장을 맡아 국가의 기틀을 마련했고 국군 창설과 육성을 후원했다.

이원재가 보살폈던 처남 선경과 태준, 처제 노순경도 독립운동에 참

노태준(하단 좌측)
1945년 광복군 제2지대 제2구대장 한미합작특수훈련(oss) 참석, 강릉중앙교회 100년사

노태준의 묘(국립대전현충원)

여해 훗날 독립운동에 앞장선 공로로 건국공로훈장을 받았다.

노백린 가족사진

II

독립운동가의 귀환

원산의 영적 부흥 운동

이가순이 원산에 잠입해 전도사역을 할 당시에는 원산·평양부흥운동이 활발했다. 1903년 감리교회 하디 선교사의 진정한 회개로 촉발된 원산부흥운동은 1907년부터 평양으로 번졌다. 19세기 전반부 미국의 제2차 영적 대각성 운동처럼 한국 교회에 큰 변화를 불러일으켜 암울한 국가의 운명 속에서도 희망의 빛이 된 것이다.

하디 선교사는 캐나다 장로교 출신 의사로 1890년부터 서울, 부산, 원산에서 의료 사역을 하다가 1898년부터 감리회 선교부로 적을 옮긴 뒤 개성을 거쳐 원산 선교부에서 개척 사역을 했고 강원도 북부에서도 3년 동안 활동했다. 그러나 토착교회 지도자들과의 갈등, 선교 부진 등의 외부 요인으로 많은 실망을 했다. 그러다가 원산의 중국 선교부 화이트(M.C. White) 여선교사의 제안으로 1903년 8월 24일부터 8월 30일까지 하디, 저다인, 캐롤, 노을즈, 하운셀, 캐나다 여선교부 매컬리드 등 7명이 사경회를 가졌다. 성경 지도를 부탁받은 하디는 요한복음

14~16장을 중심으로 '그리스도를 믿음', '그리스도 안에 거함', '오순절 성령체험'이라는 주제로 강론했다. 하디는 이 말씀을 통해 스스로 한계와 위선을 탓하고 회개하면서 성령의 임재와 회개와 중생을 체험했다. 1738년 5월 24일 영국 런던의 올더스게이트에서 있었던 존 웨슬리의 회심과 같은 체험이었다. 다른 선교사들 역시 하디와 똑같은 영적 체험을 했다.

하디가 주일예배에서 수치를 무릅쓰고 자신의 교만과 믿음이 없음을 한국 교인들 앞에서 고백하자 교인들도 회개하기 시작했다. 이어지는 한 주간 원산 선교부의 특별사경회가 있었다. 하디는 1903년 10월부터 다음 해 11월까지 원산, 강원도, 개성, 서울, 평양, 인천 등에서 계속해서 부흥회를 인도했고, 안식년을 마치고 돌아와서도 평양에서 감리교와 장로교 선교사 연합사경회를 인도했다. 이 원산부흥운동의 불길은 서서히 평양으로까지 번져나갔다.

평양 장대현교회 교인들과 선교사를 중심으로 한국 교회의 부흥을 갈망하는 기도회가 시작되었다. 1907년 1월 6일부터 열흘 동안은 평남노회 연합사경회가 개최되었다. 둘째 주간에 강력한 성령강림 현상이 나타났다. 저녁 집회가 끝나고도 남아서 기도하는 사람이 5, 6백 명이 넘었다. 일어나 자기의 죄를 고백하고 마루에 쓰러져서 뒹굴며 손으로 바닥을 치면서 '나에게 소망이 있나요? 용서받을 수 있나요?' 하면서 부르짖고 몸부림쳤다. 밤 기도회는 다음 날 아침 10시까지 계속되었다. 길선주 장로는 '나는 아간이었다'라며 하나님의 것을 도둑질했다고 공개적으로 자백했다. 이것이 한국 교회사에 획기적인 사건으로 기록된 1907년 평양부흥운동의 시작이었다. 2월 초부터는 평양 시내 기독교 계통 학교(숭덕, 숭실, 숭의)에서도 부흥 운동이 일어났다.

선비 출신인 남산현교회 이은승 목사도 학생들의 기도회에 참석했다가 성령을 받고 회개운동에 합류했다. 주일예배에서 교인들이 죄를 자백하며 바닥에 고꾸라지는 현상이 나타났다. 다음날부터 노불 선교사와 이은승 목사가 인도하는 특별부흥회가 시작됐다. 교인들은 가슴을 치며 마음속의 죄를 자복하고 여러 날 동안 식음을 전폐했다. 또 잠을 이루지 못하고 괴로워하며 '어찌해야 구원을 얻으리까' 하며 애통해했다. 전도인들도 교인들에게 사랑 없이 했던 일이나 목사에게 불만을 품었던 것들을 자백했다. 부흥회는 일주일 더 연장되었다. 매일 저녁 2천 명씩 모였다. 2월에는 광성학교와 정의여학교에서도 부흥회가 열려서 청소년들도 성령을 체험했고, 목사(전도사)들도 성령체험을 했다. 3월 말에는 평양지방 부인연합사경회에 참석했던 3백 명의 전도부인들도 회개하고 성령체험을 했다.

이 열기는 전국으로 퍼져나갔다. 2월에는 황해도 해주, 평남 봉산, 증산, 평북 영변, 북진에도 부흥 운동이 일어났다. 남산현교회 이은승 목사와 숭실중 학생 손정도는 3월 말 인천 내리교회에 가서 부흥회를 인도해 많은 교인이 영적으로 변화되었다. 4월에는 숭실중 학생 강신화와 고정철이 충남 공주제일교회에서 인도한 부흥회에서도 회개의 역사가 일어났다. 4년간 이어진 원산과 평양의 부흥 운동은 교회에 중요한 변화를 가져왔다.

첫째, 교인의 회개와 윤리적 변화였다. 거짓, 위선, 시기, 미움, 분노, 탐욕, 폭력, 강도, 살인, 절도, 횡령, 간음 등을 회개했고, 이전에는 죄의식 없이 해왔던 음주, 흡연, 도박, 축첩, 노비, 제사, 점복, 주술 등 전통종교나 민간신앙에 근거한 악습도 단절했다. 선교사들은 이런 변화를 보고 '마치 지옥의 판도라 상자를 열어놓은 것 같았다'라고 말했다.

둘째, 서양 기독교가 아니라 한국인의 기독교가 마음속에 뿌리내렸다.

셋째, 선교사가 한국 교인들을 더욱 신뢰하게 되었다. 고양읍교회 윤성근은 1903년 원산부흥회에 나갔다가 뉘우치고 자복하며 과거의 죄를 고백한 후 선교사를 돕는 훌륭한 전도인이 되었다. 하디의 증언에 따르면, 윤성근이 선교사 밑에서 매서인*으로 전도할 때 몰래 7달러(14원, 공무원 한 달 월급 8원)를 빼돌렸다고 자백한 뒤 이 돈을 선교사에게 갚았다. 또 기독교인이 되기 전 인천 주전소(정부 조폐국)에 근무할 때 회계 정리의 실수로 두 달 치 월급이 한꺼번에 나오는 바람에 횡재라며 좋아했었는데, 죽음을 앞두고 선교사에게 부탁해서 그 8원을 정부(탁지부)에 돌려주었다. 훗날 이 돈에 '양심전(良心錢)'이란 이름이 붙었다. 주일 휴무, 노비 해방, 일부일처제라는 윤리가 자리 잡았다.

넷째, 연합운동과 교회합동운동이 전개되었다. 연합으로 성경을 번역하고 출판사업도 해서 전도 책자와 정기간행물을 발행했다.

---

* 선교 초창기 때 전도지나 성경(쪽복음)을 배부하거나 팔면서 복음을 전했던 사람

3·1운동과 감리교회

감리교회 선교 20년이 되는 1905년 통계에 따르면, 교회 145개, 교인(성년, 주일학교 학생 포함) 2만 7천 명이었다. 이는 한국보다 선교 역사가 20년 빠른 일본이 교회 42개, 교인 1만 4천 명인 것에 비하면 놀라운 결실이었다. 한국인의 복음 갈망은 선교사와 미국 감리교회에게 큰 감동을 주었다. 원산·평양부흥운동의 결과, 선교 25년이 되는 1910년까지 교인 수는 6만 2천 명으로 증가했다.

한반도의 총 기독교인 수는 18만 명으로 전 국민(1천5백만 명)의 1.2 퍼센트 정도였다. 불교, 유교의 점유율에 비하면 초라했지만 중요한 점은 선한 영향력이었다. 19세기 말~20세기 초 우리 민족의 위기상황에서 기독교가 사회변화와 국민정신에 끼친 영향은 어느 종교보다 월등했다.

그러나 1919년도 말에 가서는 3·1운동의 피해와 경술국치 이후 조선총독부가 8년 동안 시행한 국토조사사업으로 전국의 40퍼센트에 이르는 농토를 수탈당해 땅을 잃은 농민들이 만주로 이주하면서 기독교인의 수도 따라서 감소했다.

3·1운동의 배경에는 일제의 식민화 정책(헌병경찰제도에 따른 무단통치, 토지조사사업의 경제수탈, 식민지 우민화 교육)에 대한 적대 감정, 미국 월슨 대통령의 민족자결주의와 파리강화회의가 있었다. 민족자결주의란 피지배 민족에게 자유롭고 공평하고 동등하게 자신들의 정치적 미래를 결정할 수 있는 자결권을 인정해 주어야 한다는 것이다. 파리강화회의는 월슨 대통령의 민족자결주의 원칙을 담은 14개 연두교서 내용을 수용한다는 결의였다. 이에 따라 일제의 한반도 강점의 부당함과 우리 민족에게 국권 회복의 정당성이 있다는 것을 알게 했다.

3·1운동은 여운영, 김규식 등 6명이 앞장선 대한청년당과 천도교, 그리고 기독교 지도자들에 의해 각각 준비되었다. 대한청년당은 파리 강화회의 대표로 파견되어 한국의 독립문제를 국제사회에 부각하고 거족적인 민족운동을 계획했다. 또한, 일본으로 가서 2·8독립선언의 촉매 역할을 했으며, 독립운동을 북돋우려고 간도와 시베리아로 갔다. 파리강화회의 내용을 들고 오산학교 설립자인 이승훈, 평양 장대현교회 길선주 목사, 평양예수교서원 안세환 총무를 만났다.

천도교는 1919년 1월 하순부터 최남선, 최린을 통해 독립선언서와 독립청원서를 준비하면서 기독교 측과 협력해 주요 인사를 민족대표로 내세워 독립선언서와 독립청원서를 조선총독부와 일제 정부, 파리 강화회의에 제출한다는 계획을 세웠다.

평양의 이승훈은 기독교계 교섭창구였다. 서울에서는 YMCA 박희도 간사가 감리교회의 교섭창구 역할을 했다. 그는 이미 1919년 1월 초부터 일본한인기독교청년회를 통해 파리강화회의에 관한 정보를 알고 있었고, 감리교 측에서는 독립운동에 참여할 사람을 규합 중이었다. 2월 11일~28일까지 서울과 평양에서 일경의 감시를 피해가며 기독교와 천도교 측의 3·1운동 준비를 위한 모임이 비밀리에 숨 가쁘게 이어졌다.

서울에서는 손병희, 최린, 송진우, 박희도, 김성수, 이갑성, 함태영, 이필주 등의 집과 한강 인도교에서, 평양에서는 양전백의 집과 기홀병원 등에서 비밀회의가 이어졌다. 이승훈은 1919년 2월 여러 차례에 걸쳐 신천읍, 의주읍, 평양 등에서 각각 양백천 목사, 이명룡 장로, 유여대 목사, 김병조 목사, 길선주 목사, 신홍식 목사를 만났다. 오화영 목사와 정춘수 목사는 수표교교회 신석구 목사, 개성남부교회 김지환 전도사, 원산 상리교회 이가순 전도사로부터 독립운동에 합류하겠다는 의사를 전달받았다. 박희도는 2월 20일 자신의 집에서 감리교회와 장로교회 측 인사를 만나 독립선언서와 독립청원서에 대한 의견을 나누었다. 기독신보 주필 박동완, 중앙교회 김창준 전도사, 수원 삼일교회 김세환 교사도 독립운동에 참여하기로 했다. 해주읍교회 최성모 목사는 친구인 정동교회 이필주 목사의 권유로 참여했다. 남산현교회 신홍식 목사는 평안도 지역을, 상리교회 정춘수 목사는 원산 지역을 담당했다.

3·1운동 주도세력은 천도교와 기독교(감리교, 장로교)였다. 가장 중요

독립선언서(1919. 3. 1. 보성인쇄소)

한 의제는 천도교가 제안한 독립청원, 독립선언 전략, 민족대표 선정, 3·1운동의 조직적인 동원과 전개 방안에 관한 것이었다. 1919년 2월 21일에는 최린의 집과 세브란스병원 이갑성의 집에서, 다음 날은 이승훈, 함태영, 오기선, 박희도, 안세환이 함태영의 집에서 최종 천도교 측의 독립청원과 독립선언 병행 제안을 수락하고 천도교와 연대를 결정함으로써 3·1운동의 주체가 형성되었다.

1차는 2월 26일 한강 인도교에서, 2차는 2월 27일 이필주의 집에서 기독교 인사들이 독립선언서를 회람하고 서명, 날인했다. 나머지 3명의 인장은 이승훈이 받기로 했고, 이전에 이미 넘겨받았던 양전백, 길선주, 신홍식의 인장은 후에 연명자 성명을 기록한 별지 지면에 압인

했다. 이로써 역사적인 독립선언서가 만들어졌다.

민족대표 33인도 구성되었다. 기독교인은 감리교회의 이필주, 박희도, 김창준, 최성모, 박동완, 신홍식, 정춘수, 오화영, 신석구와 장로교회의 이승훈, 길선주, 양전백, 이명룡, 김병조, 유여대, 이갑성 등 16명이었고, 천도교에서는 손병희, 김완규, 권동진, 권병덕, 나용환, 나인협, 양한묵, 이종훈, 이종일, 임예진, 박준승, 오세창, 최린, 홍병기, 홍기조 등이었으며, 불교에서는 한용운과 백용성이었다.

독립선언의 날로 잡은 것은 3월 3일로 예정된 고종의 국장일과 예배드리는 3월 2일 주일을 피해서 3월 1일(토요일)로 정했다.

박희도는 서울 시내 학생들을 설득해 천도교, 기독교, 불교가 함께하는 독립운동에 합류할 것을 권유했다. 그는 김원벽, 강기덕, 한위건, 김성국 등 학생 10명에게 독립선언서 1천5백 매를 나누어주고 3월 1일 파고다공원에서 배포하라고 부탁했다. 2월 28일 밤에는 민족대표들이 손병희의 집에서 만나 독립선언 장소를 인사동 태화관으로 변경했다.

드디어 3월 1일 오후 2시 민족대표 33인이 독립선언식을 거행했다. 선언문을 낭독하고 만세삼창을 한 뒤 모두 일제 경찰에 체포되었다. 독립선언문에서는 제국 패권주의의 잘못을 지적하고 인도주의를 내세워 인류 평화공존의 사회구현을 제시했다. 파고다공원에서 시작된 만세시위는 전국 220개 시군 중 218곳으로 번져나갔고, 심지어 만주와 연해주에서도 만세시위가 일어났다.

3·1운동은 종교인들이 조직적으로 준비해서 이루어진 것이었다. 기

독교인은 전체 인구(1,679만 명)의 1.3퍼센트 미만(22만 8천 명)이었지만 교회와 기독교 계통 학교를 기반으로 전국적으로 만세운동에 앞장섰다. 천도교에서는 3백만 교도를 대표해서 교주 손병희를 중심으로한 지도부가 앞장섰다. 자금확보, 독립선언서 인쇄와 배포, 지역조직 연락 등을 맡아 하며 대중화, 일원화, 비폭력이라는 3대 원칙에 따라 만세시위에 나섰다. 이 같은 천도교, 기독교, 불교의 조직과 연락망을 통해 만세운동은 동시다발적으로 전국으로 번져나갔다.

특히 감리교회에서는 연회, 지방회, 구역회의 체계적인 조직망을 통해 만세운동이 빠르게 확산했다. 지방 여행이 익숙한 서적판매 전도인이었던 매서인과 전도부인과 토착전도인들은 독립선언서와 독립운동 관련 문서를 전파하는 데 큰 역할을 했다. 기독교계 사립학교 학생들도 중요한 연락망이 되었다. 서울과 평양 등 대도시 학교에 휴교령이 내려지자 전국으로 흩어진 학생들이 각 지방의 만세시위에서 선도적인 역할을 했다. 교회는 주일예배나 수요일 저녁 예배가 끝난 뒤에 야간 시위를 주도했는데, 기도회 등 종교의식을 통해 저항했다.

장날에는 교인들이 미리 준비해서 교회 타종 신호에 맞춰 시위를 이끌었으며 태극기와 독립선언서, 격문서, 지하신문 등을 발간하고 보급했다. 그 때문에 교회가 세워져 있는 마을에서는 어김없이 만세시위가 일어났다.

그렇다 보니 교회와 교인들의 피해가 컸다. 1만 6천 명의 부상자가 발생했는데, 체포된 1만 9천 명 가운데 기독교인은 3,373명(17%)이었고 구금된 교역자는 224명이었다. 여성 구금자 471명 가운데 기독교인은 무려 309명이었고 당시 파괴된 예배당의 수도 40개나 되었다.

3월 중순부터 시작된 수원지방 만세운동은 화성군 전 지역으로 퍼져 나갔는데 특히 발안과 화수리에서는 대규모 시위가 일어났다. 일본 헌병의 발포로 부상자가 생기자 흥분한 군중은 헌병을 때려죽이고 헌병대와 면사무소, 일본인 소학교에 불을 질렀다. 홍원식 권사를 중심으로 구국동지회에서 활동하던 제암리 사람들은 발안의 장날 시위를 주도했고 밤에는 산에 올라가서 봉홧불 시위를 했다. 헌병대는 6일 동안 화성지역을 돌아다니면서 시위 주동자들을 체포하고 사살했다. 특히 제암리에서는 마을을 포위하고 열다섯 살 이상의 남자 22명을 예배당에 모이게 해서 가둔 채로 총을 난사하고 불을 질렀다. 그것도 모자라 불난 곳으로 달려온 부녀자까지 사살해 이때 순국한 주민의 수는 23명이었다. 또 교회에서 난 불이 번져 마을 전체의 초가가 전소되었으며, 주변 고주리 마을에서도 천도교 지도자 일가족 6명이 사살되었다. 천안 병천에서도 감리교인 3명, 성공회 교인 2명 등 총 19명이 사망했다.

이 일로 일제는 6개월간 모든 집회를 금지했다. 교회에서는 목사와 임원이 체포되는 바람에 예배를 인도할 사람이 없어서 기도만 하고 흩어졌다. 유관순은 휴교령이 내려지자 고향 병천으로 내려갔다가 온 가족이 함께 아우내 장터에서 만세운동을 주도했다는 죄목으로 투옥되었다. 그리고 1920년 3·1운동 1주년을 맞아 어윤희, 신관빈, 권애라, 심명철 등과 옥중에서 만세시위를 전개해 모진 고문을 받고 순국했다.

이화학당장인 지네트 월터는 유관순의 시신을 수습해 장례를 치러줌으로써 의사의 마지막 스승이 되었다.

평양지역 감리교회의 3·1운동은 남산현교회가 주도했다. 담임목사 신홍식은 33인 민족대표로 서울에 있다가 투옥되었기 때문에 부목사 박석훈이 대신해서 숭의여학교 교사 박현숙의 협조를 받아 남산현교회에서 독립선언식을 거행했다. 천도교인들은 천도교당에서, 장로교회는 장대현교회 옆 숭덕학교 운동장에서, 각각 독립선언기념식을 마친 뒤 시내 한복판으로 나가 평화적으로 행진했다. 그러나 일경의 폭력진압으로 많은 이가 다치고 체포되었다. 박석훈 목사도 이때 체포되어 고문 후유증으로 옥중에서 순국했다. 전국의 기독교 계통 여학교와 여보호회, 여전도회와 같은 교회 여성단체와 전도부인들도 3·1운동의 조력자로서 옥고를 치르거나 고난을 겪었다.

이처럼 교회 여성들이 적극적으로 참여한 이유는 오래도록 가부장적 굴레에 갇혀 살다가 일제의 억압까지 겪게 되면서 여성 해방과 민족 독립이 얼마나 소중한지를 깊이 자각했기 때문이다. 더불어 민족의식이 투철한 교사들에게 가르침을 받은 영향도 컸다.

평양지방 무어 감리사는 "지방회 중 어느 목사가 금년 지방회는 감옥에서 개회했으면 좋겠다고 할 정도로 목사, 전도사, 권사, 속장, 주일학교 교사 등 160명이 감옥에 있다. 목사 28명 중 14명이 구속되었고 4명은 사직했다. 새로 부임해 온 전도사는 한 주일이 못 되어 구속되었다. 예배를 멈춰야 하는 지경에 이르렀지만, 하나님의 일은 실패하지 않았다"라고 보고했다. 일제는 우리 민족을 총칼로 탄압했지만 영혼까지는 탄압하지 못한 것이었다.

이가순과 원산 3·1운동

큰아들 원재는 서울에서 고학하며 1914년에 세브란스의전을 졸업하고 의사가 되었다. 이가순은 일제의 감시 때문에 노백린의 집에서 올린 원재의 결혼식에도 갈 수 없었다.

이가순은 1919년 3월 1일 원산만세운동의 총책임자였다. 원산 상리교회 담임 정춘수 목사가 민족대표로 나섰고, 이가순은 원산에서 교회와 학교, 사회단체를 중심으로 3·1독립만세운동을 지휘했다. 정춘수는 서울에서 한 주간을 머물며 3·1운동 준비에 관한 이야기를 듣고 원산으로 돌아왔다.

이가순은 원산 중리교회 전도사 곽명리와 같이 정춘수로부터 3·1운동에 관한 이야기를 듣고 비밀리에 거사를 계획했다. 원산에서도 서울에서처럼 천도교와 합작하기로 하고, 서울과 같은 날 같은 시각인 3월 1일 오후 2시에 독립선언서를 발표하기로 했다. 정춘수는 곽명리를 급히 서울로 보내 오화영 목사를 찾아가도록 했다. 곽명리는 2월 28일

독립선언서 300장을 가지고 밤늦게 원산으로 돌아왔다. 그날 밤 이가순은 정춘수, 곽명리와 의논해서 11명을 비밀리에 진성여학교에 모이게 한 뒤 미리 3중 경계망을 두고 상황에 대비했다. 이날 밤 진성여학교에 모인 사람은 이가순 전도사, 정춘수 목사, 곽명리 전도사, 이진구, 이순영 장로, 보광중학교 차광은 교장, 교사 차신운, 안이식, 함태영, 광성학교 교사 김계술, 정연수, 상인 김기헌, 고물상인 오경달. 두남리 사립학교 교사 김장석 등 14명이었다.

정춘수는 회의가 시작되자 3월 1일 2시에 예정대로 거사를 진행할 것을 다짐하고 다음 날 새벽, 서울 태화관에서 모이는 33인 회합에 참석하기 위해 곧바로 서울로 떠났다. 그러나 실제로 태화관 모임에는 불참했다.

'원산 호랑이'란 별명을 가진 이가순(52세)은 동지들에게 "우리는 조국을 위하여, 후손을 위하여 일사(一死)를 각오하고 이 운동에 참여하여야 한다"고 격려했다. 3월 1일은 원산 장날이어서 13명이 각자 원산 시내 각 요소를 분담했다.

이가순은 시장에서 독립선언서를 낭독하기로 했고, 곽명리는 지방 재판소에, 또 한 사람은 지역의 관공서에 서울에서 가져온 독립선언서를 발송하도록 했다. 또 이순영은 자정이 지나 함흥으로 출발해서 함흥 유지들에게 연락하고 돌아오기로 했다. 그날 밤 태극기를 만들고, 밤새워가며 등사판 3개를 돌려쓰면서 독립선언서 2천 장을 더 만들었다. 원래는 1만 장을 만들려고 했는데 시간이 부족했다. 이 독립선언서는 서울에서 와야 할 독립선언서가 늦어져서 이가순이 별도로 만들어 민족대표 33인의 이름을 적어넣은 것이었다. 나중에 이것이 허가받지 않은 출판물이라고 해서 이가순에게는 출판법 위반죄가 추가되었다.

1919년 3월 1일 딸 원숙의 첫 돌이 가까웠을 때 이가순은 집을 나서면서 아내 김애화에게 "여보, 오늘은 장촌동 장이 깨질 것 같으니 빨리 나가서 쌀 몇 말을 사두는 게 좋겠소"라고 말했다. 그는 그때까지 가족들의 피해를 염려해서 3·1운동 거사에 관한 이야기를 아내에게조차 말하지 않았었다.

마침내 날이 밝고 3월 1일 오후 2시가 되자 각 교회에서 일제히 종을 울렸다. 김애화는 원숙을 등에 업고 쌀을 사러 장터에 나갔다. 그날 따라 장터에는 유달리 사람들이 많아 보였다. 쌀을 사서 머리에 이고 돌아서려는데 멀찍이서 이가순이 단 위에 서서 장터에 모인 사람들에게 큰 소리로 독립선언서를 낭독하는 것이 보였다. 김애화는 쌀자루를 머리에 인 채 남편 쪽으로 다가갔다. 낭독이 끝나자 요란한 박수와 환성이 터져 나왔다.

이미 원산 시내 각 지역에서 독립선언서를 낭독하고 만세를 부른 사람들이 일제히 장촌동 장터로 집결해 있었다. 이때 고물상인 오경달은 고물상에서 북과 나팔을 가지고 와서 학생들에게 나누어 주었다.

시장에 모여든 군중은 나팔을 불며 북을 치는 학생들을 앞장세우고 목이 터져라, 만세를 외치며 시가행진을 했다. 8백여 명의 시위 군중이 일본인 집단 거주지를 지나 원산경찰서를 향해 갔는데, 순사와 헌병과

소방대가 동원되어 물감을 탄 물을 뿌리면서 군중을 해산시키려 했다. 그런데도 군중들은 만세를 외치면서 해산하지 않고 소리 높여 '대한독립 만세'를 불렀다. 사태가 진정되지 않자 헌병들은 공포탄을 쏘기 시작했다.

이가순은 현장에서 곧바로 헌병들에게 체포되었고 헌병들이 손에 수갑을 채워 끌고 가려고 했다.

"내 발로 걸어갈 테니 내버려 두시오."

이가순이 두 손을 홱 뿌리치니 붉은 피가 쫙 흘러나왔다. 그래도 이가순은 조금도 굴함 없이 당당하게 걸어나갔다. 그러고는 차에 실려 어딘가로 끌려갔다.

이 광경을 본 김애화는 이미 제정신이 아니었다. 8살 된 인숙과 첫돌이 된 원숙을 혼자 돌봐야 할 생각을 하며 종일 남편을 수소문하며 찾아다녔다. 그런 그녀를 누군가가 멈춰 세우며 딱하다는 듯 말했다.

"당신 등에 업힌 아기가 죽는 것도 모르고 있어요?"

원숙이 자기 등에 아이가 업혀 있다는 것도 잊어버린 채 남편을 찾아 헤매다닌 것이었다. 깜짝 놀라 아이를 살펴보니 종일 젖 한 모금 얻어먹지 못한 아기는 온몸이 뻣뻣했다.

일부 시위 군중은 흩어졌으나 남은 군중들이 다시 역 앞으로 몰려가서 다시 한번 목이 터져라, '대한독립 만세'를 외치고 오후 6시에야 해산했다.

3월 1일에는 일본 헌병들이 만세 시위자들을 검거하지 않았다. 그러나 이튿날부터 본격적인 체포 작전을 시작했다. 3월 2일과 3일에는 수십 명이 체포되었다. 이들은 3월 12일 검찰로 송치되었고 5월 26일 서울 복심법원에서 재판을 받았다. 그 결과, 이가순은 보안법과 출판법 위반죄로 가장 무거운 징역 2년 6개월을, 곽명리, 이순영, 정연수, 차광은, 이진구는 각각 징역 2년을, 감장석, 차신운, 김기헌, 함태영은 각각 징역 1년 6개월을 선고받았다. 그리고 오경달과 김계술은 각각 태형 90대를 맞고 풀려났다.

이가순이 서울에서 복심 재판을 받기 위해 서대문형무소에 갇혀 있을 때였다. 8명이 있는 감방에 강화에서 3·1운동을 주도하던 청년 조봉암이 들어왔다. 앞쪽 감방에는 신봉조(21세, 배재고교 4년, 후에 이화여중 교장이 됨)가 갇혀 있었다. 이후 이가순이 주도해서 감옥에서 만세를 부르는 사건이 일어났다. 이가순은 감방 벽을 두드리는 것을 신호로 해서 "대한독립 만세!, 침략자 일본은 물러가라"고 외치는 옥중 만세운동을 주도했다. 이로써 독립운동가의 투지를 꺾을 수 없다는 것을 확실히 보여 주었다.

이 일로 일본 경찰이 주동자를 색출하겠다며 첫 번째 방에서부터 사람을 끌어내 때리며 심문하기 시작했다. 이가순은 뒤쪽 방에 있었는데 여러 사람이 다칠 것을 걱정해서 중간 방에 있던 신봉조가 자신이 주동자라고 대신 나서서 고초를 당했다. 신봉조는 징역 6개월에 집행유예 3년 형을 받았다. 그 시절 조봉암이나 신봉조와 같은 젊은이들은 원산의 이가순과 평양의 이승훈을 사심 없이 나라를 위해 일하는 애국지

사라고 진심으로 존경했다.

이가순이 재판을 거부해서 첫 재판이 6개월이나 걸렸다. 이가순이 강제로 끌려나와 재판정에 섰을 때 일본인 판사가 "리까즁(이가순)" 하고 불렀다. 그러자 이가순은 "왜?"라고 반말로 대답했다. 그러고는 "너희는 이 재판을 할 수 없다. 그 이유는, 너희는 무력으로 남의 것을 뺏은 자들이요, 나는 무력이 없으므로 나라를 빼앗긴 사람이다. 남의 것을 훔친 자가 빼앗긴 사람을 재판할 수 없다. '피고'가 '원고'를 재판하는 법을 보았느냐? 내 재판을 하려거든 미국 사람보고 와서 하라고 해라"라고 호통을 치고 자리에 앉아 버렸다.

일본인 재판장은 황급하게 휴정을 선포하고 재판정을 떠났다. 그렇게 해서 재판은 진행되지 못했고 이가순은 몇 차례나 끌려나가곤 했다. 목에 칼이 들어와도 꿋꿋하게 옳은 것은 옳다, 그른 것은 그르다고 하는 그에게 '원산의 호랑이'라는 별명이 붙었다. 하지만 재판과정에서 간수와 판사에게 반말로 대답한 일 때문에 이가순은 온몸에 가죽 채찍을 맞고 피투성이가 된 채 일주일을 징벌방에 갇히기도 했다. 청년 조봉암은 그런 이가순의 민족의식과 독립정신에 깊은 감명을 받았다.

몇 차례나 재판을 거부했던 이가순은 결국 1심 법정에서 2년 6개월의 징역형을 받았다. 일제가 3.1만세운동 주동자 이가순에게 덮어씌운 죄는 허가받지 않고 독립선언서를 등사한 출판법 위반죄와 독립선언서를 나눠 주고 만세시위를 주도한 치안방해죄였다.

이가순은 법정에서 조선 독립운동의 정당성을 드러내기 위해 상소했고, 경성 복심 법정에서 다음과 같이 상소의 취지를 진술했다.

"나의 행위는 정의와 인도에 근거하고 세계 대세에 따른 민족자결의 원칙에 의한 행위라서 아무런 범죄 행위가 아니다. 이런 인류의 공존권 상 필연적 요구와 인류 양심의 자연적 발로로서 추호도 안녕질서를 문란시킨 일은 없다. 또 파괴 폭행 등 비행(非行)을 행한 일도 없다.

다만 이 양심이 시키는 바에 따라 나와 모인 군중과 함께 조선 독립의 축하의 뜻을 표할 때 먼저 해당 경찰서에 그 뜻을 통고하고, 또 더군다나 그 요구에 따라 평온한 가운데 해산한 것뿐으로 추호도 안녕을 파괴하고 질서를 문란케 한 일이 없다.

오히려 보안법 제4조에 해당한다고 말해야 한다. 보안법 제7조와 제령 제7호를 적용함은 부당하고, 또 일본 정부는 1918년 가을, 흉독(凶毒)한 오스트리아의 속박 아래 신음하는 「체코슬로바키아」 민족을 위해 시베리아로 출병할 때 왕성하게 자기의 정의를 자랑하고, 타인의 비리를 매도했다. 그 정의 인도를 위하고 동양평화를 세계에 성명하는 이때 우리 역시 이 성명의 공정을 수긍했다.

그런데 조선 민족의 독립운동에 대한 태도를 보면 정의 인도에 의해 솔선 승인함은 이같이 버리고 그 무도, 불법함은 실로 형용하기 어렵다. 무고한 국민에게 발포, 난타 등 비인도적 만행을 취하고 인류의 양심은 추호도 없는 것 같으니 어찌 놀랄 일이 아니겠는가. 충분히 일본 정부의 배신(背信) 무의(無義)함을 알 것이다. 그 태도의 애매한 모순은 오히려 가엽게 생각된다.

지금까지 과거의 10년을 회상하면 일본의 소위 한일병합이란 말의 세계적 대사기로 성공한 이래 여러 수단으로 세계를 속여 넘기고, 인도를 무시하고, 각 방면에서 조선인의 자유를 속박하고, 인권을 유린하고 소위 헌병경찰제를 10년을 하루같이 하고, 유약한 인민에게 부질없이 두려운 생각을 품게 하고, 반도(半島)를 모두 포대(砲臺)로 만들어 인민을 몰아내고, 포로로서 대우했기 때문에 조선인은 사방으로 떠돌아 간절히 망국의 한을 큰소리로 외친다.

이번 운동은 돌발적 우연한 일이 아니다. 일시적 감정으로 구사되는 것도 아니다. 전 민족이 일치된 행동인 것은 세계 모두가 인정하는 바이고, 일본이 어떻게 궤변을 제멋대로 해도 대답하기 곤란한 것은 당연한 바이다. 또 조선의 동부 아시아에서의 정세는 마치 유럽에 대한 발칸과 같음은 천하 안목이 있는 자는 모두 인정하는 바이다. 그렇다면 발칸의 동정에 따라 세계평화가 좌우되는 것과 같이 조선의 동정에 따라 동양평화는 물론 세계평화가 좌우되는 것은 지혜자를 기다리지 않아도 자연히 명백해진다.

지금 남북 만주에 주둔하는 300여만 명의 분이 쌓여 원망하는 무리를 어떻게 생각하고, 조선 민족 2천만의 의사를 어떻게 소홀히 할 것인가. 일본 정치가의 일시적 미봉책을 심히 가엽게 생각하고 더군다나 일본은 연합국의 하나로서 1918년 미국 대통령 윌슨의 강화 원칙 14개 조를 승인하고, 오늘날 「베르사이유」에서 세계 개조의 대막을 여는 운명에 이름은 아무도 부인할 수 없는 사실이 아니겠는가. 그렇다면 그 제5조에 민족자결주의를 인정함은 세계 모두가 인정하는 바로써 그 범위의 세계적인 성명자인 윌슨의 대 러시아 통첩 및 그 외 여러 번에 걸친 언명(言明)에 관련하여 명찰(明察)하는 바이다.

그렇지만 일본 정부는 오히려 과거 시대의 침략정책이 그리워서 세계 대세에 역행하고 세계 강국의 하나로서 인류평화에 대한 큰 책임을 무시하는 것이 어찌 가능한 일인가.

결국 이번 나의 행위는 평화와 자유를 사랑하는 양심의 발로로서 언론 집회를 허락하는 헌법상 정당행위인 고로 이에 1, 2심의 불합리한 판결을 폐기함과 동시에 상고심의 명백한 해결을 기대하는 바이다."

이가순이 2년 6개월의 옥고를 치르는 동안 정연수는 감옥에서 고문 후유증으로 순국했다. 그리고 이진구는 3·1운동 후 감리교회 목사가 되었다.

III

가난한 자의 이웃

선교사의 명예로운 삶

1884년 7월, 고종이 한국에서 감리교회 선교사의 병원과 학교 설립을 윤허하자 1885년 2월 3일에 미국 감리회는 스크랜턴(W. B. Scranton)을 의료선교사로, 아펜젤러(H. G. Appenzeller)를 교육선교사로, 스크랜턴 대부인(M. F. Scranton)을 교육선교사로 한국으로 파송했다. 당시 스크랜턴 대부인은 52세, 스크랜턴 29세, 아펜젤러 27세였다. 아펜젤러 부부는 선발대로 일본을 거쳐 1885년 4월 5일 부활절에 제물포에 도착했으나 갑신정변 이후 상황이 불안정하다는 이유로 미국 대리공사가 서울 진입을 만류하는 바람에 부득이 4월 10일 다시 일본으로 돌아가 미국 선교부에 이렇게 보고했다.

"아침 해의 나라는 아직 정치적으로 불안합니다. 서울에는 우리의 사역을 방해하는 요인들이 남아 있으나 진전이 이루어질 것이라고 기대합니다. 우리는 부활주일에 여기에 왔습니다. 그날 죽음의 철장을 부수신 주님께서 이 백성을 얽매고 있는 줄을 끊으시고 그들에게 하나님의 자녀들이 얻을 빛과 자유를 누리게 하소서."

스크랜턴 의사는 5월 3일 인천에 도착했다. 그는 인천에 왕진하러 왔던 알렌의 요청에 따라 광혜원 의사의 신분으로 서울에 처음 들어온 감리교 정착 선교사였다. 그는 6월 중순 정동에 선교 터를 사들여 적극적으로 병원을 세울 준비를 했다. 이 소식을 들은 아펜젤러 부부와 스크랜턴 가족은 6월 20일 인천항에 도착했다. 텐진조약의 체결로 청일 양국 군함이 철수함으로써 다행히 불안정한 상황은 안정되었다.

스크랜턴 의사는 처음부터 민중을 위한 의료선교를 계획했다. 국립병원 형식의 '제중원'과는 달리 문턱을 낮추어 돈 없고 가난한 계층을 위한 병원을 운영하기로 한 것이다. 왕으로부터 '시병원(施病院)'이라는 이름이 내려왔다. 은덕을 베풀며 병자를 치료해 달라는 부탁을 담은 이름이었다. 스크랜턴은 '나는 국왕의 환심보다는 민중의 환심을 받기 원한다'라고 선교부에 보고했다. 그는 서울 성곽 주변 3곳, 즉 남대문 시장과 서대문 애오개(아현)에 있는 전염병 환자촌, 동대문 천민촌 등에 시약소(施藥所)를 세웠다.

아펜젤러는 서울 정동에 집이 마련되길 기다렸다가 7월 29일에 서울 북서문으로 들어왔다. 그는 집수리가 마무리될 때까지 한국어를 공부하며 의술을 배우겠다는 학생들에게 영어를 가르쳤다. 그리고 1886년 3월에는 학교 터를 확보하고 학교 교육을 시작했다. 1886년 6월에 고종으로부터 배재학당(培林學堂)이라는 현판을 받았다. 유능한 인재를 기르는 집이라는 뜻이었다. 다음 해에는 미국 선교부에서 보내온 2천

달러로 정동 언덕에다 르네상스풍으로 된 단층 벽돌 학교를 세웠다.

스크랜턴 대부인은 1885년 6월 20일 서울 정동에 들어서자마자 짐을 풀고 곧바로 여성 교육사업에 나설 만큼 대담하고 열성적이었다. 우선 성벽 안쪽에 있던 초가집 19채와 그 일대 언덕 터를 사들였다. 이 듬해 2월부터는 초가집을 헐고 건물터 조성을 위한 대공사를 시작해 마침내 궁궐에서나 볼 수 있는 2백여 칸의 기와집이 세워졌다. 하지만 초창기에는 '여성은 가르칠 필요가 없다'라는 봉건적 분위기가 팽배한 데다 선교사가 운영하는 여학교에 딸을 보낼 수 없다는 인식 때문에 여학생을 모집하는 데 어려움이 있었다. 그러자 스크랜턴 대부인은 무상교육과 의식주 해결이라는 원칙 아래 버려진 여자아이들을 모아 학교를 시작했다. 첫 학기에는 '별단이'를 포함해 학생이 모두 7명이었다.

1887년 4월에 왕으로부터 '이화학당(梨花學堂)', 즉 조선왕실을 상징하는 오얏(자두) 꽃이라는 뜻의 여학교 이름이 하사되었고 기수(旗手)라는 학교 호위 병사를 보내주자 백성들 사이에 정부가 인정하는 학교라는 소문이 나면서 학생 수가 늘기 시작했다. 또 이화학당 아래쪽에 있는 별도의 한옥을 마련해서 '보구여관(普救女館)'이라는 한국 최초의 여성 전용 병원을 설립했다.

평양은 기독교에 대한 반감이 많은 곳이었다. 평양 선교는 1892년부터 감리교회 의료선교사인 제임스 홀을 통해 시작되었다. 그의 약혼녀였던 의사 로제타는 1890년에 이미 서울에 파견되어 의료 사역을 하고 있었다. 그러다가 홀 부부 의사는 1893년에 아기를 안고 새로운 선교지인 평양으로 출발했다. 두 사람은 평양에 도착해 서문 안 언덕에 있는 기와집과 초가집을 한 채씩 사들여 시약소와 광성학당, 예배처소로 개조하고 각각 의료, 교육, 복음 사역을 하는 장소로 사용했다.

그러나 당시 평양 관찰사였던 민병석이 선교사를 도와주었다는 이유로 토착 전도인 10명을 체포하고 매질하면서 배교를 강요했다. 그러자 미국 공사관이 나서서 국왕도 이미 허락한 학교와 병원 사업을 관찰사가 방해하고 있다고 항의했다. 그 덕분에 전도인들은 이틀 만에 석방되었다. 하지만 끝까지 배교를 거부했던 김창식을 거의 죽을 정도로 매질한 뒤 감옥 밖으로 내동댕이쳤다. 박해자들은 그것도 모자라 비틀거리는 김창식의 뒤에서 돌팔매질하면서 쫓아왔다. 바로 그 김창식은 훗날 감리교회 첫 목사가 되었다.

1894년 평양은 청일전쟁의 마지막 전쟁터였다. 가족과 함께 잠시 서울로 피신했던 홀 의사는 전염병 환자가 급증하자 혼자서 다시 평양으로 돌아가 환자를 돌봤다. 그런데 안타깝게도 그 자신이 발진티푸스라는 전염병에 걸려 5일 만에 세상을 뜨고 말았다. 그는 한국에서 처음으로 순직한 선교사였다. 그의 아내 로제타는 남편의 장례식을 치른 뒤 어린 아들을 데리고 만삭의 몸으로 미국으로 돌아가 유복녀를 출산했다. 그녀는 그런 고통 가운데서도 남편을 추억하는 전기를 출간했고 3년 후에는 다시 어린 남매를 데리고 남편을 기념하는 기홀병원(Hall Memorial Hospital)이 있는 평양으로 복귀했다. 그리고 여성병원인 광혜여원과 맹아학교를 설립했다. 그러는 사이 3살 된 딸이 죽어 양화진에 있는 남편의 묘소 옆에 안장하는 일도 있었다. 이 같은 비통함 속에서도 그녀는 천국을 소망하며 선교사역에 더욱 몰두해 한국 최초의 여의사인 김점동을 키웠고, 오늘날 고려대학교 의과대학과 이대부속병원, 인천기독병원 등을 세우는 데 기초를 놓았다. 로제타 의사는 미국에서 뛰어난 여성 200인 중 하나로 평가된다.

홀 선교사의 아들 셔우드 의사 부부도 1925년 한국에 파견되어 해주에서 결핵 요양소를 건립하고, 크리스마스 실(seal) 발행 운동을 하면서 의료선교 사역에 힘썼다. 그러나 1940년 일제의 선교사 추방령에 따라 선교지를 인도로 옮길 수밖에 없었다. 제임스 홀 가족과 아들 부부는 현재 서울 양화진의 선교사 묘역에 안장되어 있다.

원산은 1892년 8월 미국 감리교회 선교부가 평양에 이어 세 번째로 의사 맥길을 파송해 선교부가 설치된 곳이다. 맥길은 원산 시내가 보이는 남산 산제동 언덕에 시약소를 차리고 사역을 시작했다. 의사는 선교 선발대였다. 한국 선교에서 병원은 기독교에 대한 편견을 무너뜨리는 쟁기와 같았고 학교는 땅을 고르고 부드럽게 하는 써레와 같았다. 그렇게 쟁기질과 써레질로 땅을 고른 뒤 교회를 세우고 복음 전도에 힘썼다. 이후 미국 남감리교회 선교부에 인수된 뒤 하디의 부흥 운동이 일어났고, 여선교사 캐롤, 조세핀, 거포계 등이 파송되어 루씨여학교, 간호학교, 보혜성경학원 등을 세웠고 활발한 선교 활동이 이루어졌다.

원산은 이가순이 1909년 만주에서 잠입해 교회사역을 하다가

1913년 구세병원 의사로 부임한 큰아들을 20년 만에 만났던 곳이다.

미국 감리교회 선교부는 1897년 9월에 개성에 선교부를 설치했다. 여기에 윤치호와 이건혁의 역할이 컸다. 이건혁은 윤치호의 이모부로서 개성의 유지이며 이름난 사업가였다. 1900년에는 공주 선교부가 설치되었는데 원산에 있던 의사 맥길이 공주로 파송되어 의료 사역을 했고 1904년부터는 샤프(R. A. Sharp) 부부가 이어서 사역했다. 그런데 샤프 선교사는 불행하게도 1년쯤 지났을 때 은진지역으로 사경회를 인도하러 갔다가 갑자기 내리는 진눈깨비를 피해 며칠 전에 발진티프스 환자의 장례식 상여가 있었던 집에 모르고 피신했다가 감염이 되어 세상을 뜨고 말았다. 남편을 잃은 사에리시(Alice H. Sharp, 1871-1972) 여사는 미국으로 돌아갔다가 3년 뒤에 다시 공주 선교부로 돌아와서 1939년까지 무려 35년 동안이나 충청도에서 여성교육과 전도에 열정을 쏟았다. 사에리시 선교사는 유관순 열사의 첫 스승이기도 했다. 그녀는 유관순을 공주영명학교와 이화학당에서 공부할 수 있도록 이끌어 준 사람이다. 일제 치하에서 닥치는 숱한 어려움 속에서도 그녀는 공주영명학교를 비롯한 여학교 9곳, 유치원 7곳을 설립했으며, 충청도 구석구석을 다니며 세운 교회만도 100여 곳이 넘는다.

사에리시 선교사의 전기를 쓴 임연철 작가는 할머니에게 들은 사에리시 선교사 이야기를 떠올려 〈유관순의 첫 스승, 이야기 사에리시〉라는 책을 출간했다. 그는 미국과 캐나다에서 자료를 수집해 한국에서 35년 동안이나 백성들을 위해 헌신한 그녀의 생생한 삶을 그려냈다.

이를 계기로 2020년 정부에서는 사에리시의 공로를 인정해 국민훈장 동백장을 수여했다.

1907년에는 무스 선교사에 의해 춘천 선교부가 세워졌고, 강원도 구석구석, 그리고 동해안을 따라 마을 교회들이 생겨났다.

3·1운동 이후

이가순이 감옥에 갇히자 아내 김애화는 옥바라지를 하면서 8살 인숙과 1살 원숙을 키우는 일로 고생이 이만저만이 아니었다. 시장 옆 온돌방을 하나 빌려서 칼국수 장사를 시작했는데 다행히 고생이 헛되지 않아 생계를 이어갈 밑천이 되었다. 그 뒤에도 콩나물 장사 등 닥치는 대로 갖은 일을 해가며 두 딸의 양육에 정성을 쏟았다. 이가순이 옥에 갇혀 있던 2년 반 동안 원숙은 매끼 깡 조밥을 먹으면서도 딸을 위해서는 조밥에 쌀을 한 줌씩 섞어 쌀밥을 지어 먹이며 끼니를 거르지 않도록 신경을 썼다. 어쩌다 딸이 아침을 거르고 학교에 가면 자신도 어김없이 온종일을 굶었다. "내 자식이 굶고 있는데 어미가 어떻게 목구멍에 밥이 넘어가겠냐?"는 것이었다. 그래서 딸들은 억지로라도 아침밥을 챙겨 먹고 집을 나서곤 했다. 또 추운 겨울에는 신발을 아랫목에 묻어 두었다가 딸들이 따뜻하게 신고 갈 수 있게 했다.

김애화의 이런 정신은 서울로 옮겨온 뒤에도 계속됐다. 딸이 이화여전에 다닐 때 가사 시간이면 학교 실습실에 재봉틀이 부족해서 순번을 기다려야 한다는 말을 듣고 집에 있는 재봉틀을 머리에 이고 학교에 가져가서 실습에 지장이 없도록 정성을 들였다. 또 아버지 이가순이 일본말 사용을 반대해서 딸이 일본말이 서툴러 학교에서 교사생활을 하는 데 힘들다고 하자 한겨울에도 불을 때지 않고 생활하면서 고추장까지 팔아서 딸을 위해 유학비를 마련해 주었다. 그녀는 자식이 병이 들면 간절하게 기도하는 어머니였다.

평소에도 자녀에게 "자기 것을 아껴야 남을 도와줄 수 있다. 헌 것이 있어야 새것이 있다"라고 가르쳤다. 기워 입은 치마도 버리지 못했고, 택시비가 있어도 그냥 걸어서 집으로 갔다. 일흔일곱에 갑자기 뇌염으로 운명의 시간이 가까웠을 때도 그녀는 과일을 갈아 주자 가늘게 눈을 뜨고 "큰애 주라"고 말했다.

그녀는 남에게 피해를 주는 일만 아니라면 먹고살기 위해, 가족을 뒷바라지하기 위해, 하는 일을 절대 부끄러워할 필요가 없다고 생각했다. 어머니의 이런 정신은 고스란히 딸들에게 전승되었다.

이원숙은 개성에서 병원을 운영하는 언니의 집에서 참기름을 만들어 병에 담아 교사로 근무했던 서대문 동덕여고에 가서 얼마 전까지 동료였던 교사들에게 팔러 다니기도 했다. 입시철에는 학생들을 모집해 하숙을 운영하기도 했다. 해방 후에는 시장에서 장국밥집, 냉면집을 했고, 전쟁 중에는 장교식당을 운영했다. 미국에서도 식당, 무역업 등을 하면서 자신도 친정어머니처럼 남매 7명을 가르치기 위해 어머니의 사명을 다했다.

***

이가순은 2년 6개월의 옥고를 치르고 출옥한 뒤 1922년 원산에 대성중학교를 설립했다. 젊은이들을 가르쳐야 한다는 황해도 사람의 교육입국을 실천했다. 이것은 1906년에서 1910년까지 황해도에서 1개 면에 1개 학교 설립을 목표로 활발하게 일어났던 면학회, 양산학교, 서해교육총회의 정신을 이어간 것이었다.

이가순은 워낙 책을 많이 읽고 대화하기를 좋아해서 그의 집에는 늘 젊은이들이 문지방이 닳아 없어질 정도로 몰려들었다. 그래서 대문에 큰딸 이름으로 문패를 바꿔 달아놓기도 했다, 몹시 피곤할 때는 딸들에게 자신이 집에 없다고 하라고 시켜놓고는 거짓말을 한 것이 마음에 걸렸는지 넌지시 이런 말을 덧붙이기도 했다.

"나, 이거 30년 전에 술 마셨을 때 했던 거짓말이다. 허허."

이가순은 젊어서 술을 매우 좋아해서 등에 지고 가지도 못할 만큼 많은 양의 술도 한자리에서 다 마실 정도였다. 그러나 기독교 신자가 되고 나서 예수의 이름으로 술을 끊겠다고 결심한 뒤부터는 평생 술을 한 모금도 입에 대지 않았다. 또 긴 담뱃대를 뚝 부러뜨리고는 "내가 이놈의 종노릇을 다시 할까 보냐?" 하면서 금연을 결단한 뒤부터 다시는 담배도 피우지 않았다.

그는 젊은이들에게 권위적으로 이래라저래라 말하지 않았다. 또 집에서 일하는 사람들도 가족들과 함께 같은 밥상에 앉아서 밥을 먹도록 했다. 식사 도중에는 일꾼들에게조차 물을 가져오라고 시키지 못하게 했다. 대신 재미있고 도움이 되는 이야기를 해서 식사 분위기를 좋게 만들었고, 늘 교육자로서 품위를 지켰다.

이가순의 교육관은 인격존중, 평등교육, 기다림이었다. 그런 그의 생각은 자녀들에게 그대로 나타났다. 두 딸에게는 "앞으로 30년 동안은 여자만 교육시키자"라는 말을 했다. 남존여비 사상이 팽배했던 그 당시 사회 분위기와 여자들에게는 공부를 시키지 않았던 시절에 여자 교육의 중요성을 역설한 것이었다. 그래서 큰딸에게도 의학 공부를 권유했다. 그는 자녀들에게 한 번도 "그건 그렇지 않다" 하면서 야단치는 일이 없었고, 공부를 못한다고 꾸중하는 일도 없었으며, 스스로 깨달을 때까지 기다려주었다.

큰딸 인숙이 의사고시에 떨어졌을 때도 이가순은 아내에게 이렇게 당부했다.

"여보, 오늘 음식을 장만해서 잔칫상을 차리시오. 인숙이가 의사고시에 떨어진 모양입니다."

그날 인숙은 풀이 죽어 집으로 돌아왔는데 집에 잔칫상이 차려져 있어서 어리둥절했다.

"의사는 사람의 생명을 다루는 일을 하는 사람이니 의사고시에 떨어지면 공부를 더 많이 하게 될 것이 아니냐. 그러니 떨어진 것은 잘했다."

이가순은 이렇게 낙심한 딸을 격려했고 어떤 일이 있어도 책망하지 않았다. 원숙 역시 훗날, 자녀들이 연주에서 실수하더라도 "더 중요한 연주에서 실수하지 않기 위한 준비다. 잘했다" 하고 칭찬해 주었다.

이가순은 우리나라가 곧 독립될 줄 알고 자녀들에게 일본말을 못 하게 했다.

"그놈의 망짝, 내 눈앞에서는 절대로 못 단다" 하면서 집 안에서는 일장기가 보이지 않도록 했다. 그 때문에 딸들은 일본말을 못해서 역사, 지리 성적이 항상 하위에서 맴돌았다. 그 당시에는 학과목 성적을 '갑', '을', '병', '정'으로 표시했다. 그래서 딸들의 성적표에서 역사, 지리, 일본어 과목에는 '갑'이나 '을'보다 '병', '정' 표시가 더 많았다. 그래도 이가순은 자녀들에게 공부를 못한다고 책망하지 않았다.

"어허, 이거 병정이 칼을 죽 차고 나왔구나. 그렇지만 이런 건 다 소용없다. 사람만 되면 된다" 하고 웃으며 딸들을 안심시켰다. 그는 늘 자녀들이 스스로 공부하게 되기를 기다렸다.

그런 아버지 밑에서 자란 이원숙도 나중에 음악을 하는 자녀들에게 "그것도 못하냐"고 탓하기보다는 늘 "너는 노래도 잘한다"는 식으로 잘하는 점을 칭찬하고 격려했다.

이가순은 서울로 이주해서 원숙이 배화여고에 다닐 때 딸의 머리를 손수 곱게 땋아주곤 했다. 그때는 머리에 댕기를 하는 것이 학교 규정이었다. 하루도 빠짐없이 딸의 머리를 매만져 주면서 그는 "우리나라 사람들은 댕기를 비롯해 옷고름, 치마끈, 속옷 끈, 대님에 이르기까지 끈이 너무 많다. 먹고살기도 힘든데 무슨 끈이 그리도 많이 필요한지 모르겠다. 그것만 줄여도 교육비로 쓰기에 충분하겠다"라고 말하면서 꼭 고무줄로 머리를 묶었다. 하지만 딸은 아버지가 해 주는 머리 모양을 하고 집에서 나왔다가 교문 앞에 가서는 가방에 넣어 온 댕기를 꺼내 매고 학교에 들어갔다. 그리고 집에 돌아올 때는 다시 고무줄로 머리를 바꿔 묶곤 했다.

이가순은 딸 원숙이 이화여전 YMCA 회장으로 당선되었을 때, 리더가 된 것을 기뻐하며 밤늦게까지 회의 진행법을 가르쳐 주었다. 딸이 이화여전 때 농촌봉사활동을 하며 문맹 퇴치, 전도 활동에 열중하자 평생 '하지 말라'는 말 한마디 하지 않았던 이가순은 "깨끗이 왔다가 깨끗이 가면 참 좋겠다"라고 말하면서 은연중에 딸에게도 결혼하지 말고 계속해서 전도와 교육사업에 전념하는 것이 어떤지를 묻기도 했다. 그런데 딸이 중매가 들어온 정준채와 결혼하겠다고 밝히자 "기호(경기도) 사람들은 의지가 약하다는데… 네가 어리석어 험한 세상 어떻게 살까 걱정했는데, 그 젊은이는 조금 더 어리석어 보이는구나. 어리석은 사람들끼리 어떻게 살까"라고 하면서 6개월쯤 사귀어 보고 결정하라며 딸의 의사를 존중해 주었다.

원숙이 배화여고 시절, 정월 초하루 날에 이가순은 딸에게 종이와 연필을 가져오게 해서 받아 적으라고 했다.

"현실에 만족하면서 향상하기를 힘쓰라. 부허(浮虛)에서 떠나서 착실(着實)로 가거라. 어느 것이 진(眞)이며 어느 것이 위(僞)인지, 어느 것이

선(善)이며 어느 것이 악(惡)인지, 어느 것이 미(美)이며 어느 것이 추(醜)인지 변별하는 인생관을 가져라."

"동무와 친하려면 같이 사귀어서 서로 향상되는 친구여야 하고, 같이 사귀어 먼저보다 나빠지는 것은 친구가 아니다."

"그 나라 사람이면 그 나라 사람의 의무를 해야 한다."

"삼시를 먹으면 밥값을 해야 한다."

하늘이 사람에게 능력을 주셨을 때, 그것은 이미 개인의 것이 아니라 모두에게 돌려주어야 할 의무라는 말이었다.

"남에게 잘못했다는 말을 하지 말아라. 잘못한 짓을 왜 하느냐? 그러나 남편에게는 내가 가르친 대로 하면 못쓴다"라고 하면서 잘못한 일을 하지도 말고 잘못했다는 말도 하지 말라고 했다. 그러나 남편에게는 승복 못 할 일에도 '내가 잘못했어요, 내 잘못이에요' 하며 살라는 말이었다.

"책을 많이 읽어보았지만, 세상에 성경책 이상 가는 것이 없느니라."

이런 말은 철저한 애국, 민족주의 정신으로 자녀와 수많은 후손의 마음을 울리는 가르침이었다. 그 덕분에 외손주들은 유학하면서 힘들 때는 '내가 성공해서 유명해지는 것이 애국하는 길'이라고 스스로 위로하며 참고 견뎠다고 한다. 외할아버지의 애국정신이 자신들의 정신적 지주가 되어 항상 외할아버지께서 물려주신 애국의 책무를 잊지 않고 연주에 임했다는 것이다.

이가순이 젊은이들을 사랑하고 아끼는 마음은 세상 떠날 때도 한결 같았다. 돌아가시기 얼마 전에도 의사인 딸이 아버지의 건강을 염려해서 절대로 사람들을 만나면 안 된다고 신신당부했는데도 둘째 딸 원숙에게는 따로 몰래 이렇게 부탁했다.

"언니 몰래 하루에 청년들 다섯 명만 들여보내라."

***

이가순은 1927년 8월 이순영, 강기덕, 한홍근과 함께 '원산신간회'를 조직했고 회장으로 선출되었다. 조직은 집행위원회, 서기장 겸 서무부, 교육부, 회계부, 선전조직부, 조사연구부를 두었다.

같은 해인 1927년 12월 3일, 정사복 경찰관의 엄한 경비 속에 강릉 금정예배당에서 '강릉신간회' 창립총회가 개최되었다. 송세호의 대회사, 임진호의 창립취지문 낭독, 회원 점명(點名)에 이어 임시의장 이원식을 선출해 회무 진행에서 규칙을 통과시켰고, 임원 선거에서 이원재를 강릉신간회 회장으로 선출했다.

이원재가 1924년도에 중국 하얼빈에서 강릉으로 이주한 뒤 3년 만에 '강릉신간회' 대표가 된 것을 보면 그가 얼마나 열정적인 민족의식으로 신망받는 위치에 있었는지를 미루어 짐작할 수 있다.

1920년대 중반, 민족주의와 공산주의, 기독교사회주의 운동 세력들 사이에 갈등과 마찰이 심했을 무렵, '뿌리와 가지는 여럿일 수 있으나 줄기는 하나'라는 취지로 '민족유일당 민족 협동 전선'이라는 기치 아래 1927년 2월 민족주의, 사회주의가 제휴해 신간회를 창립했다. 신간회는 반제국주의, 반식민주의, 반봉건민족운동'을 좌표로 삼았다. 여기에 사회주의 계열과 민족주의 좌파계열도 참여했다. 초대회장에는 이상재, 부회장에는 권동진을 선임했다. 조병옥, 박동완, 이갑성, 정춘수, 이동욱, 김활란, 김영섭 등이 참여했다. 2백여 개의 지회가 설립되었고 회원은 3만 9천 명에 이르렀다.

신간회는 1927년부터 1931년까지 존속하면서 일제의 식민지정책에 큰 타격을 주었다. 그 여파로 일제가 동양척식주식회사를 통해 추진하던 한반도 일본인 이민정책이 실제로 중단됐고 노동자 농민 수탈정책 역시 벽에 부딪혔다.

그러나 신간회는 사회주의 계열과의 갈등으로 기독교인들이 대거 떠나면서 쇠퇴의 길에 접어들었다. 일제의 분열정책을 극복하고 민족문제를 해결하려고 결성되었던 민족주의 운동이 다시 사상적 갈등으로 갈라지고 쇠락해 버린 것이었다.

이가순은 원산지역의 실제적인 민족 지도자였다. 1928년 9월, 영국인이 경영하는 원산 문평라이씽 석유회사의 지배인은 일본인이었는데 영리 목적에 급급한 나머지 노동자를 혹독하게 착취했다. 이에 참다못한 2백 명의 노동자가 최저 노동임금제 확립, 해고 노동자 퇴직금 지급, 부상자 치료비 지급, 사망자 보상 등을 요구하면서 동맹파업을 벌였다. 이에 회사 측이 12월 28일까지 대안을 마련하겠다고 약속해서 파업을 중단하고 조업을 재개했으나 회사 측에서 아무런 조치도 하지 않았다.

이에 원산노련에서 대표를 보내 회사 측의 약속이행을 촉구했으나 여전히 냉담했다. 그에 따라 문평노조원 3백 명은 1929년 1월 14일 정오부터 8시간 작업, 목욕장 설치, 파업 중 임금 지급, 지배인 사직 등을 요구하면서 파업을 선언하고 파업 경위를 밝힌 전단 수천 부를 만들어서 시민과 노동단체, 노동자들에게 배포했다.

그러자 국제통운의 노동자들도 파업에 동조했다. 관세창고 내에서 임금인상, 화차 위치 변경요금 지급, 선적위험물 파손금 회사 부담 등을 요구하며 불응할 때에는 문평라이씽 회사로 가는 화물을 일절 취급하지 않겠다고 선언했다. 그런데 문평석유회사와 국제통운회사는 4백 5십 명의 노동자를 해고하고 대체인력으로 중국인을 모집했다. 그러자 원산노련 각 산하단체에 가입한 1천8백 명의 노동자들이 연쇄적으로 파업을 단행했다. 회사가 원산노련과는 상대하지 않았으나 이 사건은 원산 노동운동뿐만이 아니라 우리나라에서 처음으로 단체교섭권이 걸린 문제였기 때문에 전국적인 이목을 끌었다.

원산노련에서는 장기전을 선언하고 유일한 파업자금인 소비조합의 저금과 수입금 3만 원을 관리했다. 그리고 원산 상업회의소는 다른 지방과 원산시의 노동자, 소방대, 국수회 청년회를 모집하고 대항했다.

노련 측에서는 규찰대를 조직하고 대항 시위를 하면서 다른 한편으로는 파업자를 결속하고 식량을 사들였으며, 시민의 일상생활에 영향을 미치는 인쇄, 제유, 차량, 양복, 양화 조합의 노동자들에게는 취업을 명하여 질서정연하게 진행했으므로 원산 시민들에게는 물론이고, 민족적인 동정을 모을 수 있었다. 고학생들도 주머니를 털어 파업기금을 보냈고, 각 사회단체에서도 금주나 다른 여러 가지 방법으로 모금을 해서 지원금을 보냈다.

한편 경찰에서는 어용 노동단체를 만들어 파업을 이어가지 못하게 하려고 주모자와 자유노조 노련 간부를 검거했다. 그러나 원산노련은 서울의 김태영 변호사를 위원장 직무대리로 추대하고 투쟁을 계속했다.

신간회 서울본부에서는 노동자 혹사와 탄압, 감금 행위는 인도적인 문제라고 항의하면서 원산에 변호사를 파견해서 대책을 마련했고, 원산신간회 회상이었던 이가순은 경찰서와 원산 부윤을 방문해 노동자의 권익 보호를 위해 노력했다.

상업회의소 하주들과 회사의 파산자가 속출했고 문평석유회사 공장도 폐쇄되자 회사들은 원료를 일본에서 주문했으며, 원산 부두에서는 무역선이 빈 배로 드나들었고 화물이 산더미처럼 쌓였다.

3월 23일에 4개소의 하주들이 노동자들의 요구조건을 받아들이기로 하자 노련에서는 노동자 2백4십 명을 파견했다. 각처에서 들어오는 물질적 지원도 계속되었고 심지어 일본 노동자들의 성원도 있었다. 그러나 경찰에서 외부와 단절하기 위해 파업자금을 지원한 사람을 검거하자 파업자금이 떨어졌고 노동자 가족 1만여 명의 생활고가 점점 심각해졌다.

원산 상업회의소가 조선 노동자들을 적극적으로 탄압하고 자본가를 옹호해 2천 명의 부두노동자에게 작업지령을 내렸다. 또 일본인 서기장을 인천으로 보내서 조선인 노동자 2백 명을 모집해 원산 부두에 취업시켜놓고 야간에는 내무국 원산 토목출장소에 감금했고 낮에는 채찍질로 학대했다. 또 경찰이 원산노련의 장부를 압수하고 집행위원장 윤두섭을 검거했다.

더 이상 파업을 지속할 수 없다고 판단한 노련 간부들은 비장한 심정으로 자유롭게 업무에 복귀할 것을 지시하고 파업을 마쳤다. 82일간이나 이어진 이 파업은 그 당시 최대의 노동운동 사건으로 세계의 이목을 끌었다.

1930년 7월 24일에는 수해를 당한 이재민을 구제하기 위해 '원산사회단체연합수난구제회'를 결성했는데 여기에는 원산노동조합연합, 청년동맹, 시민협회, 신간회, 근우회, 소년척후대, YMCA, 천도교청년당, 중외일보, 동아일보, 조선일보 등 11개 단체가 참가했다. 회장에는 이가순, 부회장에는 위형순과 강기덕이 선임되어 활동했다(조선일보 1930년 7월 24일 기사). 이처럼 이가순은 원산에서 1931년까지 활동했으며 그때 이가순의 나이는 64세였다.

당시 함경도 지역에서 이가순의 영향력은 1931년 12월 27일 '동광' 잡지사에서 열린 동서고금 인물 좌담회에서 나타났다. 이날 좌담회에는 신간회 김병로 위원장, 동아일보사 박찬희, 중앙일보사 유광열, 개벽사(開闢社) 주간 차상찬, 역사가 문일평, 창작가 이광수, 의사 이용설, 잡지 동광의 발행인 주요한과 이종수 기자 등 역사가, 학자, 언론인, 문

동광지   동광 제29호 1931. 12. 27.

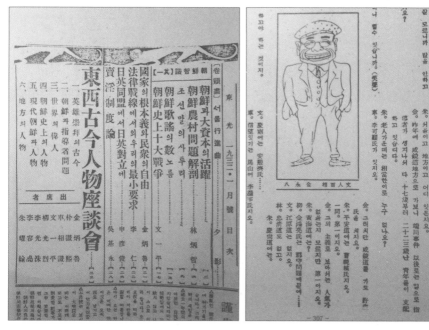

동광 제29호 목차

동광 제29호 동서고금인물좌담회 〈함경도에는 이가순〉

학인들이 참석해 동서양 역사를 통해 큰 영향을 끼친 영웅이나 인물에 관해 이야기했는데, 일종의 참된 지도자상을 모색하는 자리였다.

참석자들은 민중이 싫어하는 야심가나 전제적 영웅은 제외했다. 대중을 토대로 대사업을 성취한 대지도자가 영웅이라는 데 공감했다. 참석자들은 "현대인은 영웅숭배를 싫어하고 증오한다. 사람이 없다. 지도자가 필요하다. 젊은이들은 조선사람을 우습게 알고 외국인을 숭배하는 추세다. 영국인은 개인보다는 단체의 중심인물을 추대해 지도자를 만들어 낸다. 조선인은 민도가 거기에 미치지 못하고 시기심이 많다. 단체가 없는 것은 지도자가 없어서이고, 그 때문에 민중의 총력을 집중할 수 없다. 현재의 영웅은 대중의 이익을 대표해 비판력을 가지고 대중을 지도하는 자이다."라고 입을 모았다.

이날 참석자들은 지도자를 택하는 총명과 선택한 지도자에게 복종하는 속성이 나라를 흥하게 한다고 생각했다. 그런데 조선에서는 지도자의 필요성을 느끼지 못한다고 보았다. 사상은 있다가도 없어지고 변하게 마련이며 봉건적 사상은 안목을 좁게 만들고 자기중심적인 성격을 가지게 한다고 했다. 또 자기 그룹에 속하지 않는 이를 좋게 보지 않는다고도 했다. 그리고 사회생활을 하지 않는 것, 봉건적인 생각에서 벗어나지 않는 것, 조선이 통제받는 상황에 빠져 있다는 것 때문에 지도자를 선택하기가 어렵다면서 어쨌든 시대 상황과 민중의 민도에 따라 지도자가 다르므로 역사적으로 판단할 수밖에 없다고 했다.

참석자들은 역사적인 위인들의 이야기도 나누었다. 주로 정치가, 군인, 사상가, 예술가, 문학가, 종교가들이었다. 알렉산더, 시저, 나폴레옹, 진시황, 제갈공명, 레닌, 링컨, 스탈린, 간디, 무솔리니, 이토 히로부미, 장개석, 독일의 파울 폰 힌덴부르크, 테무진, 이순신, 카를 마르크스, 다윈, 노자, 공자, 장자, 셰익스피어, 조선에는 김옥균, 홍영식, 민영환, 이상재 등이 화제에 올랐다. 또 최린, 윤치호 일가, 한용운, 강대련, 김약수, 홍증식, 여운영, 김준연 등 현재의 단체 지도자들을 거론하기도 했다. 그러나 노동자와 농민의 지도자는 조봉암이라는 데 모두 공감했다. 인기 있는 사람은 최승희, 김활란, 나운규 등이었다. 참석자들은 마지막으로 현존하는 지방 인물들을 거론했다. 현존하는 조선의 인물들 가운데 함경도 지역 노인으로서 상당한 영향력을 가진 사람은 이의 없이 이가순 선생이라고 동의했다.

'동광(東光)'은 1926년 5월 20일 주요한이 안창호(安昌浩)의 흥사단(興士團)을 배경으로 창간된 잡지로, 사회주의적인 잡지들에 맞서 민족주의적 견해를 대변했다. 동광은 1927년 8월 제16호를 내고 휴간했다가 이광수(李光洙)의 주선으로 1931년 1월 제17호를 속간했고 다시 1933년 1월 통권 40호로 결국 종간되었다. 주로 사상·학설의 연구·선전, 문예창작·번역소개, 역사·지리와 전기·전설·풍속·습관 등을 다뤘으며, 문예면에서 활약한 작가로는 주요한, 이광수, 김억(金億), 주요섭(朱耀燮), 김동환(金東煥), 김동인(金東仁), 양주동(梁柱東) 등이었고 민족주의자들이 필자로 많이 동원되었다. 1954년 9월 발간된 '새벽'은 '동광'의 후신이었다.

이가순은 원산에서 금강산 비로봉을 넘어 외금강 산속에 별장(은신처)을 마련해 놓고 동지들의 은신처와 회의 근거지로 활용했으며 매년 1~2회 자녀들과 같이 휴양하는 시간을 가졌다. 이 은신처는 이원재의 가족이 여름철에 내금강으로 피서를 갈 때마다 가방을 메고 가서 비로봉을 넘어 아버지를 만나 밀사를 통해 독립군에게 자금을 전달하던 곳이기도 했다.

IV

해방이
오기까지

일제가 총칼로 무자비하게 3·1운동을 탄압한 상처는 시간이 갈수록 더욱 깊어졌다. 일제의 탄압은 더욱 지능적으로 진화했다. 문화의 가면을 쓰고 종교단체법을 앞세워 교회 합방을 추진하면서 내부갈등을 키웠고, 동족을 앞세워 친일정책에 협조하지 않는 목사를 해임하고 쫓아냈다. 또 미국 선교사를 기독교 계통 학교의 책임자 자리에서 쫓아내고 한국인으로 대체했다. 기독교 순화정책이 얼마간 성공한 뒤에는 국민의례로 포장해 신사참배를 강행했다. 국민의례를 강제한 것에 불참했다는 것이 처벌할 일도 아니었으나 그들은 점점 일본 천황숭배를 강제하면서 이것을 거부하는 기독교인들을 감옥에 가두고 고문했다. 고통을 못 이기고 순교를 당하는 이들이 많았다.

3·1운동은 기독교 민족주의 형성에 영향을 주었다. 국내에서는 동대문교회 교인 김상옥과 의열단에 가입해 무장투쟁한 홍가륵이 단독으로 무장투쟁을 했고, 해외 민족독립운동 단체들과 연계된 형태로 변모했다. 간도, 시베리아, 상해, 미주지역 등으로 독립운동가들이 몰려들었다. 간도에는 대한국민회, 대한독립군, 북로군정서, 서로군정서, 광복군총영 등 여러 항일 무장독립군단이 등장했다. 미주지역에서는 안창호 중심의 흥사단, 이승만 중심의 동지회가 생겨서 국내와 연결되었다. 해외로 망명한 기독교인들은 상해임시정부, 만주지역 독립운동 단

체에 참가했고, 일부는 국내로 잠입해 군자금과 독립군 지원자를 모집했다.

상해 임시정부 군무총장 노백린도 미국과 국내에서 독립군을 양성하고 군자금 모금에 집중했다. 이원재는 하얼빈에서 고려병원을 운영하면서 은밀하게 3·1운동 이후 투옥된 아버지의 옥바라지를 하고 노장군에게 독립군 자금을 지원하는 데 최선을 다했다.

철원지역 감리교인들이 주도해서 활동한 철원애국단이 이런 일을 감당했다. 교회 여성들도 평양과 서울에서 애국부인회를 조직해 수감자 가족 지원, 임시정부 군자금 모금, 밀입국한 독립운동가들의 활동을 지원했다. 평양 애국부인회는 손정도 목사의 어머니 오신도, 박현숙, 남산현교회 김세지, 기홀병원 간호사 박승일, 장대현교회 유치원 교사 한영신 등이 활동하는 단체였다. 서울 애국부인회에서는 출옥한 김마리아, 이화학당 교사 황애덕, 박인덕, 동대문부인병원 간호사 김태복 등이 활동했다. 이들은 모금을 비롯해 가락지와 머리카락 기부, 뜨개질로 만들어진 수익금을 모아서 지원 활동을 했다. 그러나 조직을 확장하려다 간부 수십 명이 일제 경찰에 체포되어 이십여 명이 옥고를 치르는 일이 벌어졌다. 김마리아와 황애덕은 출옥한 지 얼마 안 되어 다시 징역 3년형을 받았고, 나머지는 1~2년 동안 옥고를 치르게 되면서 조직은 결국 와해하고 말았다. 김마리아는 노숙경의 정신여고 동기생이었다.

강릉 시절

이원재가 원산구세병원에 부임했을 때 그의 나이는 27세였고, 아내 숙경(노백린 장군의 큰딸)은 23세로 만삭의 몸이었다. 아들 결혼식에도 참석하지 못한 이가순은 아들 부부가 원산에 왔을 때 기뻤지만 죄스러운 마음으로 아들, 며느리를 맞이했다. 두 달 뒤에 큰 손녀 인철이 태어났다. 이원재가 하얼빈으로 이주하기 전까지 이가순은 20년 만에 만난 아들 가족과 3년 동안 행복하게 지냈다. 노백린 장군은 사위에게 숙경의 두 동생(선경 20세, 순경 11살)을 맡기고 미국으로 망명했다. 이원재가 다섯 식구의 가장이 된 것이었다.

1924년에 하얼빈으로 떠났던 이원재는 37세에 아버지의 권유로 고려병원과 그곳에서 맡아 하던 민회 회장 일을 정리하고 8년 만에 강릉으로 이주했다. 노백린 장군은 그로부터 1년 뒤에 상해에서 외롭게 세상을 떠났다.

이원재는 강릉 임당동에 관동병원을 개원해 8년 동안 진료활동을

이원재 의사 6남매. 강릉 관동병원 정원에서(1930년). 오른쪽부터 이원재(막내 인순),
아내 노숙경(인옥), 인숙(이가순의 큰딸), 승훈, 동훈, 인영, 인철(큰딸),
맨 왼쪽 남자는 노태준(노백린 장군의 막내아들)으로 보인다.

1921년 5월에 세워졌던 초대교회(강릉예수교 미감리교회당)

했다. 그리고 당시 출석하던 강릉중앙교회(당시 강릉예수교 미 감리회)에서 장로가 되었다. 강릉중앙교회는 교인 수가 3백 명인 영동지방의 중심교회였다. 그는 이하영, 방훈, 박영석 담임목사를 보좌하며 교회 재정 유지를 위해 힘썼고 교회 유치원 원장을 맡기도 했다. 특히 엡윗청소년회 지도 장로로도 수고했다. 노숙경 여사 역시 늘 교회 봉사에 앞장섰다. 원산에서는 교회 일을 도왔고, 하얼빈에서도 교회를 세웠다. 어디서나 그녀의 삶은 교회 생활이 중심이었다. 의학 공부를 하면서 의료선교사들의 은혜를 입어서이기도 했지만, 구세병원에서 진료하다가 세균에 감염되어 서울 세브란스병원으로 후송되어 고열로 사경을 헤맬 때 교인들이 합심해서 철야기도를 한 덕분에 고열이 내리는 기적을 체험했기 때문이다. 그 뒤로 그녀의 믿음은 더욱 성숙해졌다.

1929년 광주학생운동의 여파로 강릉에서 보살피던 막냇동생 노태준이 강릉농고 시절에 교회 청년들과 같이 강릉학생운동을 주도하다가 발각되었으나 다행히 옥고는 면했다. 숙경은 아버지 노백린 장군이 상해 임시정부에서 독립운동을 하다가 1926년 1월 22일에 세상을 떠나 중국 땅에서 묻힌 것만 생각하면 울분이 일었다. 노숙경은 동생 태준을 아버지 노백린 장군의 유해가 있는 상해로 망명시키기로 했다. 이후 태준은 남경군관학교를 졸업한 뒤 이범석 장군이 지휘하는 광복군에 입대해 국내 공격을 준비했다. 그러나 일본이 항복하는 바람에 참전은 하지 못하고 귀국해 초대 정부에서 건국에 이바지했다.

이원재는 지역 사회에서도 한글 교육, 생활개선, 위생법, 요리, 과일,

헌재의 강릉중앙교회

화초 재배 등을 강의했다. 노숙경도 산파역으로 산모 2백여 명의 출산
을 도왔고, 자신도 인영, 인옥, 인순 등 세 딸을 낳았다.

아버지가 원산신간회를 설립하기 위해 준비위원장으로 활약할 즈음
이원재 역시 1927년 12월 강릉신간회 조직에 참여해 회장으로 취임
했다. 그는 또 틈틈이 땅을 사들여 이웃들에게 대여했는데, 이 땅들이
6년 뒤에 고양군 능곡에서 시작한 수리 간척사업에 필요한 재원이 되
었다.

이원재는 1932년에 8년간의 강릉 생활을 정리하고 65세였던 아버
지를 모시고 서울로 이주했다. 그는 서울 공덕동(고양군 용강면 공덕리
396번지)에 초가 6채를 사들여 금강병원을 열었다. 당시 중일전쟁이 일

엡윗 소년들과 이원재 장로(제2열 우측 첫번째) (1931.1.25)

머릿돌. 강릉예수교 미감리교회당, 1921년 5월

회갑사진 (원산에서)

오춘 아자씨   김애화 이형재 이가순 이원재 이인영   이인숙

이원숙   김봉애   이광훈   이승훈   이양훈   노숙경   이동훈   이인철

1927년경 원산

116

어나 만주가 점령되는 것을 본 그는 일본의 패망이 늦어질 것으로 생각했다. 그래서 원산, 하얼빈, 강릉으로 옮겨 다니느라 소홀히 했던 자녀 교육문제를 더 이상은 방관할 수 없었다. 당시 강릉에는 중등교육기관이 없었기 때문에 서울로 이주하기로 했다. 덕분에 원재의 누이동생(인숙, 원숙)들도 서울에서 학교에 다니게 되었다.

이원재는 온 가족을 데리고 공덕감리교회에 출석하며 장로로 시무했다. 노숙경도 여선교회 회장으로 활동하며 열심히 봉사했다.

이가순은 전주이씨 종친이 있는 고양군 능곡을 오갔다. 또 가까운 화정에는 원산 상리교회를 담임했던 오화영 목사가 과수원을 하면서 살고 있었다. 오화영 목사가 1917년에 서울 종교교회 담임자로 옮겨 간 뒤 원산 상리교회 후임이었던 정춘수 목사는 1919년 2월 16일 서울 종교교회로 부흥회 설교를 하러 왔다. 그는 이때 오화영 목사의 권유로 3·1운동 민족대표 33인으로 참여했다. 원산 상리교회가 이가순, 오화영 목사, 정춘수 목사의 연결고리가 된 것이다.

제2의 독립운동-농촌경제부흥

우리 민족이 대대로 살아온 한반도는 겨울은 춥고 여름은 고온다습한 몬순 기후대에 속한다. 이런 기후환경에 적합한 작물인 쌀은 수천 년 동안 주곡이었고 백성들에게 충분한 식량을 안정적으로 공급하는 것이 국가의 기본적인 책무이자 최우선 목표였다.

그러나 왕정 치하에서는 농자천하지대본(農者天下之大本)이라는 표어만 그럴듯했지 현실은 달랐다. 고된 농사일은 오로지 종이나 상민, 소작인들의 몫이었고 농사를 통해 거둔 열매 대부분은 양반들의 몫이었다. 빈부 격차는 신분 차별로 고착화하면서 국가 발전의 걸림돌이 되었다. 부패하고 허약한 왕정은 국가의 쇠락을 불러왔고 그 결과로 일제의 식민 통치가 시작되었다.

일제는 허약한 왕권을 속절없이 짓밟았고 누가 자결하든 항일 의병이 일어나든, 심지어 적극적인 3·1만세운동이 일어나든 개의치 않고 한국 침탈행위를 계속했다.

1910년 경술국치 이후, 일제는 1912년에는 토지조사령을 공표했고 1918년까지 대규모 토지조사 사업을 벌였다. 토지조사는 우리 국토를 침탈하고 일본의 식량문제와 군량미를 한반도를 통해 해결하려는 의도로 입안된 것이었다.

토지조사령은 "토지 소유자는 조선 총독이 정한 기간 안에 소유자의 성명(명칭) 주소, 소유지 소재 주소, 지목, 지적 내용을 토지조사국장에

공덕감리교회

게 신고해야 한다"는 것이었다.

그러나 그 당시 인구의 80퍼센트가 넘는 농민들은 토지 소유에 대한 법적 개념이 분명치가 않았다. 그리고 문중의 공동소유지가 많았기 때문에 개인 소유라고 신고를 하지 않았다. 또 알면서도 일제의 정책에 대한 반감 때문에 협조하지 않은 경우도 많았다. 일제가 노린 것이 바로 이 점이었다. 총독부는 결국 신고하지 않은 모든 토지를 국유지 명목으로 갈취했다.

그 결과, 토지조사사업이 끝났을 때는 수백만의 농민들이 정든 농토의 경작권을 빼앗겼고, 총독부가 차지한 토지는 전 국토의 40퍼센트에 이르렀다. 총독부는 이 토지를 총독부가 만든 동양척식주식회사를 비롯한 일본의 여러 토지회사, 그리고 한국으로 이주해 온 일본인들에게 무상 또는 헐값으로 팔아넘겨 버렸다. 그 때문에 갑자기 일본인 대지주들이 생겨났다. 토지조사 사업 후 1921년도에 100정보 이상 소유한 한국인은 426명인 데 비해 일본인은 490명으로 더 많았고, 1927년도에는 한국인이 335명으로 줄어든 반면 일본인은 553명으로 늘었다. 농민들은 일본인 지주의 소작인으로 전락해 소작료를 50~70퍼센트 이상 착취당하면서 점점 더 죽을 지경이 되었다.

게다가 토지조사가 끝난 뒤에도 일제는 1차, 2차, 3차에 걸쳐 산미증식계획을 추진했다. 1917년 수리조합령을 공포해 1920년부터 산미증식계획으로 농지개량 사업을 추진했다. 그 이면에는 농촌경제를 통제하려는 목적도 있었다. 처음에는 민간자본을 유치해서 농지개량 사

토지조사령[시행 1912. 8. 13.] [조선총독부제령 제2호, 1912. 8. 13., 제정]

제1조 토지의 조사 및 측량은 이 영에 의한다.
제2조 ①토지는 종류에 따라 다음의 지목을 정하고 지반을 측량하여 1구역별로 지번을 부여한다. 다만
　제3호에 제기하는 토지에 대하여는 지번을 부여하지 아니할 수 있다
　1. 전, 답, 대지, 지소, 임야, 잡종지
　2. 사사지(社寺地), 분묘지, 공원지, 철도용지, 수도용지
　3. 도로, 하천, 주거, 제방, 성첩, 철도선로, 수도선로
　②전항의 규정에 의하여 조사 및 측량하여야 하는 임야는 다른 조사 및 측량지 간에 개재하는 것에
　한한다.
제3조 지반의 측량에 대하여는 평 또는 보를 지적의 단위로 한다.
제4조 토지의 소유자는 조선총독이 정하는 기간 내에 그 주소, 성명·명칭 및 소유지의 소재, 지목, 지번
　호, 사표, 등급, 지적, 결수를 임시토지조사국장에게 신고하여야 한다. 다만, 국유지는 보관관청에서
　임시토지조사국장에게 통지하여야 한다.
제5조 토지의 소유자 또는 일자인 기타 관리인은 조선총독이 정하는 기간 내에 그 토지의 사위의 경계에
　표항을 세우고, 지목 및 지번호와 민유지에는 소유자의 성명 또는 명칭, 국유지에는 보관관청명을 기
　재하여야 한다.
제6조 토지의 조사 및 측량을 행함에 대하여는 그 조사 및 측량지역 내의 지주 중에서 2인 이상의 대표
　를 선정하여 조사 및 측량에 관한 사우에 종사하게 할 수 있다
제7조 토지의 조사 및 측량을 행함에 있어서 필요한 때에는 당해 관리는 토지의 소유자, 이해관계인 또
　는 대리인을 실지에 입회시키거나 토지에 관한 서류를 소지한 자에 대하여 그 서류의 제출을 명할 수
　있다.
제8조 ①토지의 조사 및 측량을 위하여 필요한 때에는 당해 관리는 토지에 출입하여 측량표를 설치하거
　나 장애물을 제거할 수 있다.
　②전항의 경우는 당해 관리는 사전에 토지 또는 장애물의 소유자 또는 점유자에게 통지하여야 한다.
　③제1항의 경우에 발생하는 손해는 보상하여야 하며, 보상금액에 대하여 불복하는 자는 보상금액의
　통지를 받은 날부터 30일 내에 조선총독의 재정을 청구할 수 있다.
제9조 ①임시토지조사국장은 지방토지조사위원회에 자문하여 토지 소유자 및 그 강계를 사정한다.
　②임시토지조사국장은 전항의 사정을 하는 때에는 30일간 이를 공시한다.
제10조 전조제1항의 사정은 제8조의 규정에 의한 신고 또는 통지 당일의 현재에 의하여 행한다. 다만,
　신고 또는 통지를 하지 아니한 토지에 대하여는 사정 당일의 현재에 의한다.
제11조 제9조제1항의 사정에 대하여 불복하는 자는 동조제2항의 공시기간 만료 후 60일 내에 고등토지
　조사위원회에 제기하여 재정을 받을 수 있다. 다만, 정당한 사유 없이 제7조의 규정에 의한 입회를
　하지 아니한 자는 그러하지 아니하다.
제12조 고등토지조사위원회는 당사자, 이해관계인, 증인 또는 감정인을 소환하거나 재정에 필요한 서류
　를 소지한 자에 대하여 그 서류의 제출을 명할 수 있다.
제13조 ①고등토지조사위원회의 재결은 이유를 부기한 문서로서 하며 그 등본을 불복을 제기한 자에게
　교부하여야 한다.
　②전항의 재결은 공시한다.
제14조 고등토지조사위원회에서 재결을 하는 때에는 재결서의 등본을 첨부하여 임시토지조사국장 및 지
　방관청에 통지한다.
제15조 토지 소유자의 권리는 사정의 확정 또는 재결에 의하여 확정한다.
제16조 사정으로써 확정된 사항 또는 재결을 거친 사항에 대하여는 다음의 경우에 사정을 확정하거나재
　결한 날부터 3년 내에 고등토지조사위원회에 재심을 제기할 수 있다. 다만, 벌에 처할만한 행위에 대
　한 판결이 확정 되는 때에 한한다.
　1. 벌에 처할만한 행위에 근거하여 사정 또는 재결이 있은 때
　2. 사정 또는 재결의 빙거가 되는 문서가 위조 또는 변조된 때
제17조 임시토지조사국은 토지대장 및 지도를 작성하여 토지의 조사 및 측량에 대한 사정으로 확정하는
　사항 또는 재결을 거치는 사항을 등록한다.
제18조 제4조의 사항에 대하여 허위신고를 한 자는 100원 이하의 벌금에 처한다.
제19조 정당한 사유 없이 제4조의 신고를 하지 아니하거나 제7조 또는 제17조의 명령을 위반한 자는 30
　원 이하의 벌금 또는 과료에 처한다.

부칙 <조선총독부제령 제2호, 1912. 8. 13.>
　①이 영은 공포일부터 시행한다.

토지조사령(1912. 8. 13.)

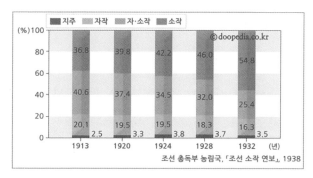

토지 조사 사업 이후 농민의 변화

업을 전개했다. 그러나 성과가 제대로 나타나지 않자 1926년 이후 14년 동안 조선총독부가 저리 융자를 지원하면서까지 수리조합 설치를 독려했다. 그러나 자작농에게는 과다한 공사비와 수세(水稅)의 부담이 생겼고 소작농에게는 생산량의 86퍼센트까지 올라간 소작료와 수세, 비료비 부담이 더해져서 농민들의 생활은 더욱 곤궁해졌다.

상황이 이렇다 보니 전국적으로 농민들의 수리조합반대운동이 일어났다. 처음에는 수리시설이 불필요한 지역에서 수리조합 설치를 반대하기 시작했고, 불량 수리조합의 인가를 취소하라는 투쟁이 가장 많았다. 그러나 점차 조합구역 내의 소작료 인상과 과다한 수세에 대한 투쟁이 많아지면서 농민운동이나 항일독립운동으로 성격이 바뀌어 전개되었다. 게다가 1930년대 세계경제공황과 그에 따른 쌀값 폭락, 그리고 일본 내에서 조선 쌀 이입을 통제하자는 요구가 거세지면서 1934년에는 산미증식계획이 일시 중단되었다. 그때까지 196개로 늘어난 수리조합은 주로 일본인 지주가 주도해 수세, 소작료 인상, 공사비 연부 상환금 등을 소규모 자작농이나 소작농에게 부담시켜 농민들을 착취했다. 더구나 쌀 강제공출제까지 시행되자 농촌은 더욱 피폐해졌다. 실제로 8·15광복 전까지 일본으로 반출된 쌀은 우리나라 전체 쌀 생산량의 41퍼센트나 됐다. 1940년 태평양 전쟁이 일어나면서 일제가 다시 산미증식계획을 시도했으나 전쟁이 장기화되는 바람에 계획대로 진행되지는 못했다.

민족주의자들이 농촌계몽운동에 열중한 것은 바로 이런 상황 때문이었다. 먼저 YMCA가 농촌문제에 관심을 두고 의식계몽과 농사법 개량, 생산량 증가 등을 통한 농촌사업을 전개했다. 1928년 예루살렘 국제선교대회에 파견된 양주삼, 김활란, 신흥우는 기독교 농업 국가인 덴마크의 선진 농업기술을 시찰하고 큰 자극을 받았다. YMCA, YWCA 등은 전국 조직을 통해 농촌운동을 실천했고 농사강습회를 열었다.

감리교 연회에 농촌부와 농촌강습회가 설치되어 조직보고가 있었으나 사업보고는 미미했다. 협성여자신학교에도 농촌사업과가 설치되어 미국 유학을 마치고 돌아온 황애덕 주임교수가 YWCA와 연결해 농촌계몽사업을 전개했다. 신학생을 중심으로 한 농촌 계몽운동이었다.

이때 발탁된 학생이 심훈의 소설 〈상록수〉의 주인공 최용신이었다. 최용신은 안산 샘골교회를 토대로 학교를 세우고 농촌 아이들과 부녀자들을 대상으로 한글, 산술, 성경을 가르치며 계몽운동을 했다. 그러나 일본 유학을 갔다가 질병에 걸려 귀국한 뒤 다시 농촌운동을 이어가다가 안타깝게도 장중첩증으로 25세의 나이에 세상을 떠났다.

1930년대부터 사회주의자들의 집회가 탄압을 받게 되자 그 여파로 교회가 운영하던 야학도 침체에 빠졌다. 농촌계몽운동은 문맹 퇴치와 농민의식 향상에 도움이 되기는 했지만, 의식개혁 운동을 넘어서지는 못했다. 사회주의자들은 기독교의 농촌계몽운동을 일제의 정책에 부응하는 개량적 행위라고 비판했다. 그만큼 농촌의 경제문제에는 별 도움이 되지 못했다는 것이다.

이가순과 김애화

이런 상황에서 3·1운동 이후 독립운동가로서 실질적으로 농촌경제 부흥에 큰 업적을 남긴 사람이 바로 이가순, 이원재 부자(父子)였다.

이가순은 20대 중반부터 60대 중반까지 망국의 설움을 안고 연해주, 만주, 원산을 드나들며 독립운동을 했다. 그는 1905년 을사늑약과 정미7조약, 경술국치를 거치면서 일어났던 국채보상운동과 구국기도회, 의병 무장투쟁, 신민회, 3·1운동 등을 모두 몸소 겪었다. 그뿐 아니라 원산지역의 3·1운동 책임자로서 만세운동을 조직적으로 이끌었다가 옥고까지 치렀고 교육사업, 노동자 권익 운동, 신간회 운동 등을 벌였다. 그는 아들과 함께 독립군에 자금지원을 했고, 교회를 중심으로 한 농촌계몽운동과 절제 운동에도 힘썼다.

이가순처럼 40년 동안 쉬지 않고 독립운동에 힘썼던 사람은 드물다. 그런데도 그는 그것에 머무르지 않았다. 조직 운동이나 농촌계몽운동, 이념 운동의 현실적인 한계를 깨달았기 때문이다.

이가순은 인생 말년에 접어들어서도 독립이 멀어질 것 같은 절망적인 상황에서조차 '민족이 잘살도록 해야겠다'라는 희망을 품었다. 그는 농촌 경제 문제를 해결하는 것이 제2의 독립운동이라고 생각했다. 일제의 수리조합 설립은 농민을 위한 것이 아니라 수세와 소작료, 조합 공사비 명목으로 착취해서 일본인 지주의 이익을 더해주고 일본의 군량미를 증산하기 위한 것이었다. 따라서 농민들이 수리조합반대운동을 하는 이유는 정당했다.

그는 1933년 고양군 능곡으로 거처를 옮겨 수리·관개 사업을 구상

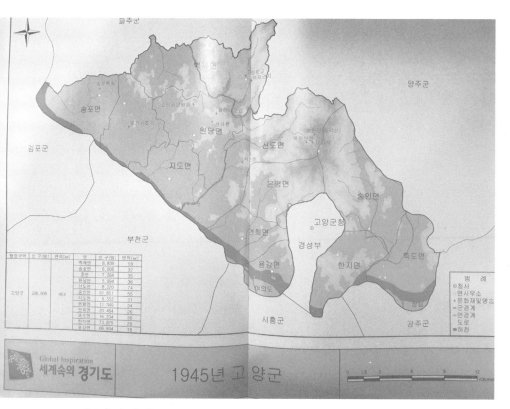

행정구역	인구(명)	면적(㎢)	면	인구(명)	면적(㎢)
			벽제면	8,839	59
			송포면	6,006	32
			중면	7,264	35
			원당면	5,994	36
			신도면	8,220	74
고양군	296,608	464	숭인면	51,851	55
			지도면	6,552	31
			은평면	11,349	34
			벽제면	20,464	26
			북도면	16,234	36
			한지면	73,879	29
			용강면	69,934	18

고양군 지도(1945년)

하고 실천했다. 농민들이 좋아하고 그들에게 이익이 되는 수리조합을
만들겠다는 것이 그의 계획이었다. 그때 그의 나이 66세였다.

＊＊＊

고양군은 서울과 가장 인접해 있었다. 1912년 고양군의 인구는

32,491명이었다. 그런데 1914년에 일제가 서울을 약화하기 위해 서울 성 밖 지역인 용강면, 연희면, 은평면, 숭인면, 뚝도면, 한지면(현 성동구 지역) 등을 대폭 고양군에 편입시킴으로써 고양 관할 구역과 인구가 크게 늘어 1935년에는 276,049명이었다. 하지만 1936년에는 일제가 다시 정책을 바꿔 서울 성 밖 지역(용강면, 연희면, 한지면)을, 1949년에는 은평면, 숭인면, 뚝도면을, 그리고 1973년에는 신도면의 구파발리와 진관내, 외리를 차례로 서울시로 편입시키면서 고양군의 관할 지역이 다시 감소했고 인구도 크게 줄었다.

이런 이유로 고양군 인구는 1912년 32,491명에서 1917년 124,143명으로, 1935년 276,049명으로 늘었다가 1936년에는 78,997명으로 크게 줄었다. 그런 다음 점차 늘어서 1943년에는 140,622명이 되었다. 서울 을지로6가에 있던 고양군청은 1963년에 고양군 원당면으로 이전했다.

산염마을의 터돋움 가옥

고양군 전체 면적의 65퍼센트 이상이 준평야 답작 지대이다. 1960년 대 기준으로 보면 경지 면적은 11,148헥타르로 전체 면적 26,649헥 타르의 41.8퍼센트였다. 총 농가는 9,548호로 전체 호수 14,471호 중 66퍼센트였다. 특히 이가순, 이원재가 수리·관개 사업을 하던 지역의 경지비율은 지도면(능곡) 59.2퍼센트, 송포면 59.3퍼센트, 일산 60.4퍼 센트로 고양군의 평균 경지비율 37.7퍼센트를 훨씬 웃도는 전형적인 농촌 지역이었다.

***

지도면의 신평리, 섬말(도촌), 백석리의 노첨, 일산의 주엽리 하주, 백 신, 장항리의 산염마을, 부검마을 등이 한강 변에 길게 띠를 이루며 촌 락으로 발전했다. 특히 신평리는 능곡에서 일산으로 이어지는 지방도 로의 한강 변에 붙어 있는 마을이다. 원래는 샛강을 두고 김포군과 가 까워서 김포군에 속했던 곳인데, 고양군과는 개펄로 나뉘어 있어서 옛 지명 한글 표기는 새펄 또는 동녘펄이다. 고양군에서는 서펄이라고도 불리다가 한강 수계의 변화로 김포와 멀어지면서 1922년에는 고양군 에 편입되었다.

이들 지역은 일제 식민지시대에 형편이 어려운 사람들이 일산이나 김포, 장단 등 객지에서부터 이주해 와서 강 수위보다 높은 황무지나 샛강에 둑을 쌓고 말뚝을 박아서 만든 둔덕 밭에 조나 콩, 수수 등을 심어 연명했다. 수해 때문에 1~3미터 높이로 터를 돋우고 집(터돋움집)을 세웠고 지대가 낮아 홍수를 피하려고 미리 배를 준비해 두기도 했을 정도였다. 따라서 이들 지역은 이가순과 이원재의 수리·관개 사업 후에야 비로소 쌀농사를 지을 수 있었다.

식수는 한강이나 샛강 물을 길어다가 숯이나 자갈을 깔고 부유물을 가라앉히고 여과해서 정화한 뒤에 떠먹었다. 한강 제방을 쌓은 뒤에는 마을에 공동우물을 파거나 집집이 15~20미터 깊이에서 펌프로 물을 퍼 올려서 이용하기도 했다. 그러나 지하수에는 철분이 많아서 식수는 여과시설로 걸러야만 마실 수 있었다. 구릉지대에 가까운 마을에서는 지하수를 개발한 뒤 콘크리트관을 묻어서 물을 끌어왔다.

일제의 토지수탈과 산미증식계획으로 소작 농민들의 생활은 점점 더 비참해졌다. 이런 상황에서 소작인들은 소작료 불납이나 경작거부 동맹, 심지어는 추수 거부와 같은 여러 방법으로 항쟁했다. 조선총독부 소작쟁의 통계에 따르면 1920년에 15건, 1925년에 204건, 1930년에 726건, 1935년에 25,834건, 1937년에는 31,799건의 소작쟁의가 일어났다. 이것으로 보면 1912년부터 계속된 일제의 토지조사령으로 본격화된 토지 약탈과 일본인 대지주가 증가했고 수리조합령과 산미증식계획에 따라 소작지를 박탈당하거나 과도한 소작료를 물게 되어 소작조건이 나빠지자 저항운동이 급증했다는 것을 알 수 있다.

소작인들의 저항은 처음에는 면 단위에서 자연적으로 발생했다가 면 단위가 서로 연대하면서 소작인조합이 결성되었다. 1924년에 조선

노동총동맹이 조직되어 전국의 소작인조합을 지원하고 소작쟁의를 지도하게 되면서 전국농민총동맹이 발족해 소작인, 자작 빈농, 자작 중농을 포함한 농민조합으로 개편되었다.

그러나 1930년대 이후 조선총독부의 철저한 탄압 때문에 활동은 극도로 제약되었다. 또 내부에서 파가 갈리면서 농민운동의 동력은 자연적으로 소멸했다.

고양군의 농민들 또한 일제의 토지수탈과 산미증식계획에 따른 피해를 감내해야만 했다. 이가순 부자가 일제강점기에 농촌자립경제운동을 하던 1935년도 통계에 따르면 고양군의 소작인 비율은 80퍼센트에 달했다. 소작관행을 보더라도 소삭증서에 따른 계약은 11퍼센트에 불과했고, 나머지 89퍼센트는 구두계약일 정도로 소작농의 위치마저 불안했다. 지주들이 소작료를 현금이나 현물 전납(全納)으로 요구하면서 소작인들을 수탈했다.

1920년 고양군 송포면의 소작 농민들은 동양척식주식회사를 상대로 쟁의를 일으켰다. 이전 해에 극심한 가뭄으로 소작료 면제 또는 감소 조처가 필요한데도 동양척식회사는 정해진 소작료를 강요했다. 소작료를 내지 못할 때는 즉시 소작권을 박탈했기 때문에 소작인들은 어쩔 수 없이 온갖 방법을 동원해서 겨우겨우 소작료를 냈다. 그렇다 보니 먹고살 것이 없어서 고통을 겪어야 했다. 면사무소에서 공조조합을 조직했고 독지가들의 기부로 간신히 입에 풀칠하며 살아가는 실정이었다.

그런데도 동양척식주식회사는 만주에서 사들인 콩깻묵 비료를 소작인들에게 구매하라고 강요했다. 이에 분개한 소작인들이 쟁의에 돌입했다. 동양척식주식회사는 만주에서 1개에 2원 30전에 산 콩깻묵을 소작인들에게는 1개에 5원 70전으로 강매했고 이것을 받아들이지 않으면 소작권을 박탈한다고 강압했다. 소작인들은 할 수 없이 회사가 요구하는 수량대로 빚을 내어 살 수밖에 없었다. 그러나 분량이 너무 많고 비용이 너무 비싸서 거름이나 다른 비료를 사용하면서 콩깻묵은 1개에 1원이나 1원 50전에 할인해서 다른 사람에게 되팔아야 했다.

곡류가 폭락한 시기에 콩깻묵 1개를 5원 70전이라는 고가에 사들인다는 것은 매우 고통스러운 일이었다. 따라서 소작인들은 가격 할인을 요구하면서 이에 응하지 않을 경우는 모든 콩깻묵을 동양척식주식회사에 반환하기로 결의하고 저항했다.

이가순은 고양군 능곡을 왕래한 지 1년쯤 지나자(1934년경) 이원재에게 수리·간척사업을 제안하고 설득했다. 원재는 한 번도 아버지의 말씀을 거역한 적이 없었고 원산으로, 하얼빈으로, 강릉으로, 고양군으로 이주하며 병원을 세우고 아버지를 도왔다. 그러고도 황해도 조상의 재산과 자신의 가산을 정리해 아버지의 마지막 독립운동인 수리·관개사업에 투입하기로 했다. 원재는 공덕의 금강병원을 동서인 박정욱 의사에게 인계하고 고양군 토당리(삼성당)에 주택과 임야를 사들여 다시 금강병원을 열었다. 원산에 있던 작은아들 형재의 가족과 고향 해주에 있는 최석기 씨를 능곡으로 불러들였다. 강릉에서 농지관리인으로 일하던 이형규의 가족도 가산을 정리하고 능곡으로 이주했다. 그리고 47세 때 섬말다리 일대의 토지 10만 평을 사들여 '백석농장'을 조성했다. 이 가순 부자는 일제가 창씨개명을 강요하자 백석농장의 이름을 따서 '백석가순', '백석원재'로 개명했다.

그리고 이원재는 1935년도에 친구 윤원삼과 조익순의 협조를 얻어 고양군 행주외동 173번지 한강 변에 양수장 터로 쓸 땅 1만여 평을 사서 3인 공동명의로 등기했다. 그리고 동생 형재와 강릉에서 온 이형규와 해주의 최석기에게는 양수시설 공사와 수로 작업, 농장 관리를 맡겼다. 드디어 이가순의 지도로 수리·관개 사업이 시작된 것이다.

이원재는 의사로서도 진료에 소홀하지 않았다. 도로 사정과 통행이 불편한 능곡, 강매, 신평, 백석, 장항 등 농촌 지역을 백마를 타고 순회 진료하면서 수리·간척사업에도 열중했다.

그는 소년으로 서울로 가서 고학하면서 미국 선교사들이 병원과 학교를 세우고 헌신하는 것을 보았다. 세브란스의전에서 의학 공부를 할 때도 선교사들에게서 보고 배우는 게 많았다. 선교사들은 자기들이 한국을 떠나게 되더라도 한국인 의사들이 한국인들의 병을 치료해 주어야 한다고 당부했다.

원산구세병원에서 3년, 하얼빈 고려병원에서 8년, 강릉 관동병원에서 8년, 서울 공덕 금강병원에서 3년, 그리고 고양군 금강병원까지 25년의 경륜 있는 의사가 되었지만, 그는 미국 의료선교사들에 비하면 여전히 부끄럽다는 생각을 했다. 그래서 의사의 본분에 소홀하지 않으려고 노력하면서 밤낮으로 병원 일과 수리·간척 일을 병행했다. 그는 가난한 농민들의 생활자립을 돕는 일 역시 의사 일 못지않게 중요한 일이라고 생각했다.

이가순은 6천 평의 과수원 농장을 운영하는 오화영 목사가 있는 화정까지 자주 걸어서 오갔다. 오화영 목사는 이가순보다 열 살 아래였지만 원산 상리교회 전도사 시절에 모셨던 담임목사여서 깊은 대화를 나눌 수 있는 사이였다. 그는 이가순과 동향인 황해도 평산 출신으로 동학에 가담해 활동하다가 만주로 망명한 뒤 신학문의 필요성을 깨닫고 기독교에 입교했다. 오화영은 종교교회 담임목사로 3·1운동 민족대표 33인 중 한 사람이었다. 그는 이가순과 같은 고향, 같은 교회 출신으로 3·1운동으로 같이 옥고를 치렀던 관계로, 수리·관개 사업을 도와주다가 1939년 기호파 항일비밀결사조직인 흥업구락부 사건으로 다시 6개월 동안 옥고를 치렀다. 그는 해방 후에 잠시 정계에 투신했다가 안타깝게도 6·25전쟁 때 납북되어 사망했다.

수리·관개 사업

한강은 수도권의 젖줄이다. 상류는 수도권 상수원이고 하류에는 김포평야와 지도, 일산(장항, 백석, 주엽, 대화, 송포) 들판이 펼쳐져 있다.

1991년 일산 신도시를 개발하면서 일산 밤가시 초가(草家)와 가와지 볍씨 두 가지가 문화재로 지정되었다. 경기도 민속문화재 제8호로 지정된 밤가시 초가는 조선 후기에 지어진 밤나무 울타리 안에 똬리 모양의 네모난 초가지붕으로 된 집인데, 위치로 보면 일산신도시 개발 전 마을의 높이를 가늠할 수 있다. 한편 가와지 볍씨 발굴 과정에서 부수적으로 드러난 구석기 유적으로 보면 고양군에 사람이 살기 시작한 때는 구석기 시대로 거슬러 올라간다.

가와지 볍씨는 고양시 한강 하류 대화리 가와지(큰기와집) 마을 토탄 층에서 발굴된 볍씨 12개를 말한다. 미국 베타연구소의 방사성 탄소 측정 결과, 5020년 전 신석기 시대의 볍씨로 확인되었다. 고양군 한강 변에서 그만큼 오래 전부터 벼농사를 지었다는 것을 말해 준다.

일산 밤가시 초가(조선 후기)

가와지 볍씨
(고양시농업기술센터 제공)

1991년 가와지 볍씨 발굴 모습(충북대학교)
(고양시농업기술센터 제공)

가와지 볍씨는 청주 소로리 야생 벼 볍씨보다 연대 상으로는 후대에 속하지만, 한반도 최초로 재배된 벼의 볍씨로 확인되었다. 고양시는 2014년에 가와지 볍씨 박물관을 개관하고 2016년 가와지 볍씨 국제 학술회의를 개최했다.

한편 능곡, 백석, 장항 지역은 1900년까지도 한강 제방이 없어서 일부 둔치가 농지로 사용되기는 했으나 사람의 발길이 닿지 않는 곳 대부분은 갈대밭으로 뒤덮인 황무지였다. 홍수와 만수 때는 오늘날의 원당까지 배가 닿아서 '배다리(주교)'라는 지명이 있을 정도로 전혀 수리 시설이 되어 있지 않았다. 그래서 농토가 없는 가난한 농민들이 많았다. 작은 경작지를 만들어 천수답 형태로 농사를 짓다가 가뭄에는 추수할 것이 없어서 가난에서 벗어나지 못했다.

1920년 7월 대홍수에 이어 1925년 을축년 대홍수로 4천6백만 원의 피해가 있었다는 기록을 보면 당시 한강 변 지역의 상황을 상상할 수 있다. 일제는 1926년부터 구호 차원에서 용산, 고양, 파주 탄현까지 12년 동안 한강 제방 공사를 했다. 그 덕분에 수해가 줄고 농지도 보전되었다. 그러나 이 과정에서 현대적인 중장비가 아닌 평 떼기 작업으로 인근 흙을 긁어모으고 사람이 등짐으로 토운차까지 운반해 제방 공사를 하다 보니 제방 옆이 오히려 이전보다 낮아져서 배수로가 되었다. 토공이 이루어진 뒤에 경기도에서 3년 동안 3백4십만 원을 투입해 배수문을 설치함으로써 수해가 감소했다.

고양군에서도 강매, 행주, 대화, 법곶, 구산 등 5개의 배수갑문을 설치해 수해 피해는 일부 줄었다. 그러나 벌판 대부분은 농지가 개발되지 못한 상황이어서 양수 시설과 농업용수가 없다 보니 샛강 물을 물레방아와 용두레로 퍼 올리거나 물지게로 옮겨서 힘겹게 농사를 지었다.

이가순은 66세의 노인이었지만 건강하고 명철했고 애민정신이 투철했다. 젊은 날부터 우리의 주권과 자유와 역사를 빼앗은 일제에 수없이 투쟁하면서 때로는 절망도 했지만, 나이 들어서도 노인이라는 핑계로 가난한 농촌의 문제를 외면하지 않았다.

그는 수도 없이 행주산과 강매산에 올라가 한강 변의 황무지를 바라보며 양수장의 위치와 농업용수로의 방향을 구상했다. 양수기로 퍼 올린 한강 물이 행주에서부터 강매, 신평, 백석을 거쳐 장항과 송포까지 흐르게 하는 것이 관건이었다. 그는 현장을 일일이 답사하면서 농수로가 개울을 건너 흐르게 하는 방법을 연구했다. 어떤 규모로 간척할 수 있을지, 인력은 언제 어떻게 조달할지, 인건비는 어떻게 마련할지 등을 따져보았다. 그리고 밤에는 두 아들과 같이 구상한 내용을 점검했다. 두 아들은 치밀하고 성실했다. 아버지의 구상을 실현하기 위해 최선을 다해 도왔다. 우선 양수장과 수로 공사는 가을부터 이른 봄까지의 농한기를 이용해서 농민들에게 품삯을 주고 진행했다. 몇 년이 걸릴지는 알 수 없었다.

앞으로 수리조합 인가 문제는 원재가 맡아서 준비하기로 했다. 농민들은 신바람이 났지만, 수리사업의 완성 여부에는 의심도 생겼다.

양수장 발동기(25마력)

공사비를 마련하는 일도 신경 써야 했지만 일제 치하에서 하천령, 토지조사령, 수리조합령 같은 법에도 적합해야 해서 수많은 난관을 헤쳐 나가야만 했다.

원재는 강릉에서부터 과수원을 하고 화초 재배를 연구했다. 그래서 백석농장에도 여러 가지 과일나무를 심었다. 초여름에 매실이 열리기 시작해서 각종 과일이 연달아 매달렸다. 아름다운 화초는 늦가을까지 피었다. 벼농사를 지어서 가을에는 수확한 쌀을 어려운 이웃과 가난한 교회 목사들에게 나누어 주었다. 주말에는 서울에서 학교에 다니는 손주들이 농장에 와서 뛰어놀았다. 생명의 기운이 넘쳤다. 이가순은 이런 광경을 보면서 수리·간척 사업의 미래를 상상해 보곤 했다.

가장 우선적인 일은 한강 변에 양수장을 마련하는 것이었다. 이가순은 아들이 두 친구와 같이 사들인 행주외동 173번지 1만여 평 중 2,407제곱미터(739평)에 이원재 명의로 양수장을 설치했다. 처음에는 전기가 없어서 25마력짜리 발동기 4대를 설치해서 양수했다. 그러다가 수색에서 오는 전기를 단독으로 끌어들여서 모터를 써서 양수했다.

이가순은 산을 깎아 넓은 양수장 터를 만들었고 수로를 만들기 위해 행주산 자락을 뚫었다. 산을 발파해 돌을 깨서 굴을 뚫는 공사는 쉬운 일이 아니었다. 주변 사람들도 불가능하다고 만류했다. 이가순은 힘들 때마다 자녀들의 집에서 여러 번 쉬었다가 다시 하곤 했다. 처음에는 마을 사람들과 함께 곡괭이로 뚫다가 나중에는 기계를 들여와서 굴을 뚫었다. 행주산성 오른쪽 한강 변에서부터 행주내리를 거쳐 삼성당 마을 도깨비골에서도 돌산을 발파해 교량과 수로 공사를 했다.

한편 주교천과 수로가 만나는 곳은 하천 폭이 넓어 물을 공급하기가 어려워서 지상으로 다리를 놓고 검은 방수천을 깔아 그 위로 물을 흘려보냈다. 사람들은 이 다리를 '검은다리'라고 불렀다. 이 수로는 백석리(백석농장) 앞뜰을 지나 섬말다리를 거쳐 장항리까지 이어졌다.

이 거대한 사업은 이가순의 아이디어로, 처음에는 당신이 직접 지도했는데 연로해지면서 두 아들 형제가 이어서 진행했다. 그리고 해주 사람 최석기와 강릉사람 이형규, 삼성당 사람 한용만을 비롯해서 여러 사람이 도왔다.

앞서 이야기한 것처럼 공사는 주로 농한기에 가난한 농민들에게 노임을 주고 진행했고, 봄철에 농자금을 미리 대여해 주고 가을에 원금을 회수하는 사업을 해서 농민들이 수월하게 농사를 지을 수 있도록 도왔다. 농민들은 구한말 탐관오리들의 부정과 일제의 교활하고 강압적인 침탈행위를 봐오다가 이가순의 선행을 보자 단군 할아버지가 다시 이 땅에 환생한 것이 아닌가, 생각할 정도로 감동을 받았다.

수리·관개 시설을 만드는 데는 여러 가지 허가 절차가 필요했다. 한강부지 점용, 굴착공사를 하는 데 필요한 관청의 허가가 까다로워서 짧게는 몇 개월, 길게는 1년이란 시간이 걸렸다. 이원재는 허가 신청서에 자신의 이름을 내세우지 않고 절친한 평양의전 출신 조익순 의사를 허가 신청 대표자로 적어넣었다.

행주양수장에서 퍼 올린 물이 자연스럽게 흘러가도록 양수장의 위치와 수로의 방향은 이가순 선생의 명석한 판단에 따랐다. 약 4년 동안 야산을 뚫고, 수로를 파고, 자연하천 위로 물이 건너갈 수 있도록 다리를 만들었다. 그렇게 해서 만든 15킬로미터의 수로는 삼성당, 백석농장, 섬말다리를 지나 장항리까지 이어졌다.

1차 양수장과 수로 공사가 진행되면서 고양군 중면 백석리 월마두리 131정보(394,119평)의 집단농장 대표자인 조익순 외 9명 이름으로 쌀 증산을 위한 공동관개조합 성격의 임의조합을 구성했다. 그리고 조선하천령에 근거해 1938년(소화 13년) 11월에는 경기도에 고양군 지도면 행주외리 136번지, 28번지 한강 하천의 인용 및 하천 점용에 관한 허가를 신청했다. 이때 허가 내용은 다음과 같다.

경성토목관구 군경유(郡經由)

토제 2,295호

조익순(趙益詢) 외 9명

소화 13년(1938년) 11월 고양군 지도면 행주외리 136번지, 28번지 한강에 인수로 굴착, 하천의 인용 및 하천부지 점용의 건

조선하천령 제20조. 한강 하천 부근 땅에 제방축조의 건을 조선하천령 제24조에 의하여 다음의 기재한 조건을 붙여 허가함

소화 14년(1939년) 5월 18일

경기도지사 ○○○인

기(記)

1. 목적 : 관개용(자가용 自家用)
2. 공사 : 원서첨부 공법설명서 및 도면에 따라 시행한다. 외문랑 개폐는 홍수에 대비하여 이상에는 조작 시행하지 말고, 용수토관 숨긴 입구(측점제6호 부근)에 제수랑을 설치한다.
3. 하천부지 점용 구역 : 원서 첨부 도면에 따른다.
4. 공작물 설치 및 하천부지 점용 기간 : 허가일로부터 10년

5. 관개 면적 : 신청서 첨부 조서 및 도면 394,119평

6. 조선하천령 제40조 규정에 따라 처분하는 장합(場合)에는 하천령 제43조의 규정에 따라 보상하지 않는다.

7. 조선하천령 제40조 또한 동령 제41조 규정에 외관에 설치가 허가될 경우에는 그 효력을 정지하고, 만약 그 조건의 변경, 기타 필요한 명령을 한다. 전항 처분에 의한 손해는 보상한다.

8. 점용구역의 표시는 적절 개소에 표목(지상 3척 이상)을 세워 허가 연월일, 피허가자 성명, 점용면적, 점용 기간을 기재한다.

9. 기간 만료에 따라 점용의 폐지 시에는 즉시 원형 복구와 검사를 요한다.

10. 장래 본 토지를 포함한 수리조합 설립 시 모든 물건은 솔선하여 무조건 조합에 가입한다.

11. 본 공사에 의한 공작물의 일부 또는 전부가 장래 설립 시 수리조합 설치 공사상 필요시에 모든 물건은 그 부분에 한하여 조합의 매수에 응한다. 만일 매수가격에 대한 협의 물건은 도(道)의 사정(査定)에 일임한다.

이 내용으로 미루어 보면 이가순, 이원재의 수리·관개 공사는 장래 수리조합 설립을 염두에 두고 있었던 것이 분명했다. 1차 하천을 점용하고 양수장을 세워 관개 구역인 중면까지 용수 간선을 굴착하고 만드

는 데 들어간 비용은 약 24만 원이었다. 그러나 수리시설을 유지하고 확장하는 일은 너무 힘들었다. 관개 경지가 500정보로 확장되면서 농번기에는 수로의 물을 도둑질해 쓰는 일이 많았다. 중일전쟁, 태평양전쟁 때는 양수장 발동기의 고장 수리가 어려워서 애를 먹었다. 경비는 늘어나는데 추수기에도 수세가 제대로 걷히지 않아 1942~1943년에는 투자금에 대한 상환금이 부족해서 세입이 약 2만 2천 원이나 부족했다.

그런데도 관계시설이 확충되어 가면서 주위에 버려진 늪지대와 황무지가 점차 농토로 변했고, 쌀 생산이 시작되자 굶주림에서 차츰 벗어날 수 있었다. 이원재는 서둘러 수리조합의 설립을 준비했다. 농토가 늘어감에 따라 수리조합 대상 구역의 면적도 늘어났다.

수리·간척사업을 실행한 지 10년이 되는 1943년 4월 12일에 이가순은 75세의 나이로 해방을 보지 못하고 고단한 몸을 누이고 고귀한 생을 마감했다.

27세에 원산에서부터 34년 동안이나 희로애락을 같이했던 아버지를 여의자 이원재의 어깨는 더욱 무거워졌다. 그래도 아버지의 뜻을 받들어 수리조합을 만드는 일에 더욱 열중했다. 몽리 면적(농사짓는 데 쓸 물을 공급받는 지역)은 500정보까지 증가했다. 행주양수장의 역할은 점점 중대해져서 법인화가 불가피했다.

이원재는 1944년 11월 2차로 고양수리조합 설립인가 신청을 추진했다. 이번에도 고양수리조합 창립위원장 지도면장(등원유평)과 창립위원과 면사무소 직원(장세린, 지운영), 지역유지들(이재식, 송순명, 최우상)

이가순의 묘(국립대전현충원)

애국지사 이가순의 묘

배위 김애화 합장

지사께서는 三・一운동에 제하여 청춘
수등과 함께 남원산에서 거사를 모의 독
립만세를 주동하시고 시민 二千여명
과 독립선언문을 낭독 배포하시다가
투옥되셨으며 옥중투쟁과 재 二거부
지를 보이시다 출옥 후에는 대성학교지
교장으로 진양성과 신간회 원산 고경
회기도 능곡에 수리조합을 조직 관개시
실 개척에도 혁혁한 공을 세우시다

등 6명의 이름으로 경기도에 인가신청서를 제출했다.

제출서류는 동의자 157명의 서명 날인(이원재 포함), 조합규약, 사업계획서, 토지원부 사본, 조합원명부 사본 등이었다. 몽리면적은 지도면 강매리, 행주외리, 행주내리, 토당리, 삼성당 지역 298헥타르(정보)였다. 조합설립 신청 이유와 사업계획서 내용은 아래와 같았다.

고양수리조합창립위원장 등원유평 외 5인은 제목 건 별지를 통해 인가신청을 합니다. 신청사업은 고양군 중면 백석리 월마두리 장항리 소재 131정보(394,119평)의 집단지의 소유자 조익순 외 9명이 미곡의 증산을 위한 공동관개조합 성격의 임의조합을 구성하고, 소화14년(1939년) 5월 18일 시설 및 하천 인용과 하천부지 점용 등의 허가를 받아 공동출자로 고양군 지도면 행주내리 한강 연안에 양수장을 세워 관개구역인 중면까지 용수간지선을 굴착(자비 공사비 약 24만 원)하여 소화 16년도(1941년도)부터 양수 관개를 했습니다(참조 첨부).

그런데 본 용수는 지도면 내 천수답 경지로 물이 흘러가 경작자는 용수간선으로 토지를 경작함에 있어서 물을 훔치는 자가 속출하면서 도저히 통제할 수 없는 사태에까지 이르렀습니다. 이를 방치한다면 본 사업의 목적을 수행하기 어려운 상황에까지 이를 것입니다.

매년 농업용수 다툼 문제를 반드시 청원하는 것이 군·면의 희망 사항이었으며 더욱이 지도면 경지를 관개하기 위하여 간선의 폭을 확장하는 것과 더불어 지선수로의 신설공사를 시행하여 약 500정보 정도를 관개

할 예정인데, 매년의 경비는 추수기에 군·면의 협력을 얻어 징수할 것을 약조합니다.

그러나 원래 본 관개 면적 확장은 전술한 바와 같이 하고, 수로만을 확장 신설하는 것이고, 근본 조건은 양수능력을 감안한 전면적 배수는 물론 본 사업의 당초 목적에 해당하는 기업가의 경지 수로의 끝까지 전혀 하수가 흐르지 않는 경우에는 관개를 포기하고 지도면 내 경지 관개에 한정해서 유지해야 할 형편입니다. 최근에는 가뭄이 빈번하여 예정 이상의 양수가 필요함에도 양수능력이 따르지 못하고, 양수기의 고장이 빈발하는 상태에서 수리하는 일로 걱정이 많습니다.

임시 수리에도 계속 경비가 증가하는 한편 강제 징수권을 발동하지 않도록 지난 2개년(소화 17, 18년, 1942~1943년)에 투자금에 대한 상환금 지출 경비로 약 2만 2천 원의 세입이 부족하여 여의치 않은 상태에서, 기업가 등은 희생적으로 지도면민의 복지에 기여해 왔습니다. 지난 2년의 고통과 인내가 소화 19년도(1944년도)에도 계속되고 있으며 또다시 관개 최성기에 원동기가 파손되어 상당 부분 대수리가 필요했지만 전쟁 중에는 수리가 곤란한 실정임에도 일부 파종하지 못한 땅에 대한 송수를 희망하고 있습니다. 이러한 경우에는 이미 사업 위탁방법을 권유받은 바 있지만 본 건은 면 사무 관계상 타당하지 않은 이상 본 사업을 법인 수리조합으로 개조하는 것이 적당하다고 인정받아 일부 관계자와 협의 중(경기도에 계획 수립) 모든 조사를 진행하여 본 조합설립을 신청하기에 이르렀습니다. 이에 본 계획의 요점을 설명합니다.

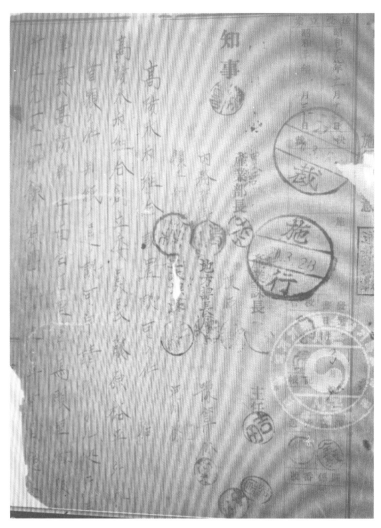

고양수리조합 인가서

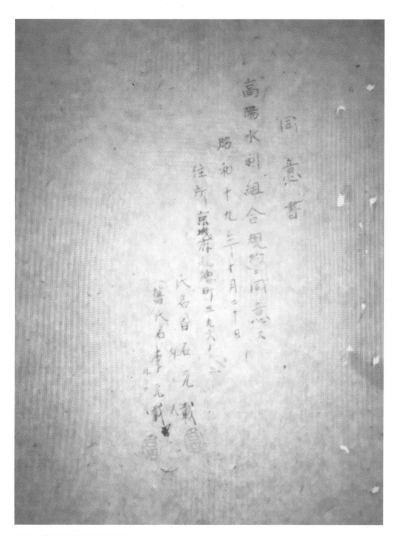

수리조합설립 동의서(이원재)

1. 구역 내 몽리면적 : 양수기의 양수능력을 감안하여 관개실적을 살피고 양수장에 인접한 지도면 행주외리 외 3개 리 298정보 몽리면적에 한정하여 관개의 만전을 기하겠습니다.

2. 이미 세워진 공작물의 매수 : 이미 세워진 관개설비 중 본 조합사업에 필요한 것은 하천령 제20조 허가 조건 제11항(허가지령 사본 별지 1통)에 따라 매수하겠습니다.

3. 개량 및 보강공사 : 이미 설치된 관개설비의 불비한 부분은 설치공사와 보강개량공사도 시행할 것입니다.

4. 하천 유수인용권은 설치 후에 조합에 양도합니다.

고양수리조합 사업계획 개요 (위 신청금액, 아래 사정금액)

	구분	반*	총액	적요
사업비	총액	8,815	262,700	
		9,016	268,700	
	공사비	7,785	232,000	
		7,987	238,000	
사업비 재원	보조금	3,893	116,000	
		3,893	119,000	
	기채액	4,922	146,670	
		5,022	149,670	
	잡수입	1	30	
	연부금	331	9,860	연 4분 3리 24년부상환
		338	10,060	

기채액 환기	경상비	1,132	33,740	
문중, 조합원	소계	1,463	43,600	
		1,470	43,800	
	잡수입	1	30	
	옥인 소요액	1,462	43,570	
		1,469	43.77	
	제한부과액	1,539	45,863	
		1,546	46.074	
	시행전 수량	260	7,748	
	시행후 수량	330	9,834	
	옥인 증수량	70	2,086	
	지주소득(5.5할)	51	1,520	
	돌값,184 환산	918	27,356	
	영농관리원증가액	253	7,539	비료대 161
	종전용수비	1,082	32,244	관리원 92
	옥인조합원 부근력	1,747	52,061	
토지순 이익	조합원의 옥인 토지순익	208	6,198	
		201	5,987	
	부근력 순익의 할합	1.19할		
		1.15할		

공사비 예산 사정조서

관	항	목	신청액	사정액	증감
공작물 매수비			171,400	171,400	0
공사비			20,000	26,000	+6,000
	양수장비	기초공사 인수로비	500	1,900	+1,400
		옥근…비	12,500	15,500	+3,000
	용수		3,290	4,000	+710
	간선비				
		토공비	2,440	3,140	+700
		공작물비	850	860	+10
	용수 지선비		3,710	4,600	+890
		토공비	2,500	3,390	+890
		공작물비	1,210	1,210	0
용지 매수비			40,600	40,600	0
합계			232,000	238,000	+6,000

그 결과, 5개월 후인 1945년 3월 5일, 일제강점기에 당당하게 고양 수리조합 인가를 받았다. 그리고 관개·개선사업비 보조금 1,493,873원을 끌어들였다. 일제강점기에도 이원재 의사의 농민을 위하는 세심하고 미래지향적인 마음을 보게 된다.

그리고 이원재가 첫 조합장으로 추대되어 1950년 2월 6일 세상을 떠날 때까지 5년 동안 조합장직을 맡아 하면서 계속 경지확대와 효율적인 영농에 힘쓰며 농촌경제 활성화에 힘썼다. 1950년도에 발행한 수리조합 확장지구 평면도에 따르면, 이미 몽리구역은 신평리, 백석리를 지나서 중면(현 일산) 경계까지 299.5헥타르가 더 확장되었다. 허가 당시보다 두 배나 확장된 면적이었다. 이것은 수리조합 신청 이유에 나타난 바와 같이 이원재가 구상한 500정보의 수리조합구역 확장이 실현된 것이었다.

10년 후, 이광훈(이원재의 조카)이 8년 동안 조합장을 맡았던 시기(1961~1969년)에는 3,082.1헥타르가 늘어 몽리구역이 3,679.6헥타르로 확장되었다. 15년 사이에 12배 이상으로 늘어난 것이다.

역대 수리조합장 명단

대수	조합장	재직기간	비고
1~2	이원재	1945. 03. 05 ~ 1951. 11. 09	초대조합장
3	최익하	1951. 11. 10 ~ 1953. 07. 21	
4	최국현	1953. 07. 28 ~ 1954. 02. 19	
5	이철화	1954. 04. 01 ~ 1957. 11. 06	
6	최국현	1957. 11. 23 ~ 1960. 06. 27	
7	서정범	1960. 08. 12 ~ 1961. 12 01	
8~9	이광훈	1961. 12. 01 ~ 1969. 11. 30	이원재의 조카
10	이용중	1969. 12. 01 ~ 1973. 04. 30	
11	최충훈	1973. 05. 01 ~ 1974. 01. 24	
12~13	권용훈	1974. 04. 04 ~ 1982. 04. 03	
14	김남두	1982. 04. 15 ~ 1986. 04. 15	
15	장철수	1987. 02. 07 ~	

이 규모는 당시 고양군 총 경지면적의 50퍼센트에 해당하는 규모다. 조합원 수도 4천여 농가나 되었다. 수리조합은 능곡에 본부 조합사무실이 있고 지부로 능곡출장소, 일산출장소, 송포출장소가 있을 정도로 전국에서 우수조합으로 우뚝 섰다. 농토가 없는 농민에게 농지를 주었고, 농업용수가 충분하게 흘러 농사 관개(灌漑)에 어려움이 없었으며, 가뭄이나 수해를 입지 않게 되었다. 해마다 농촌이 더 풍요롭게 바뀌었다. 농업협동조합운동이 활성화하면서 면 단위까지 농업협동조합이 세워졌고, 고양군의 농업협동조합의 총 예금고는 전국 제일이 되었다.

고양수리조합 연혁 (토지개량조합, 개량조합, 농어촌공사로 명칭 변경)

시기	사유	몽리면적		비고
		증감	총면적	
1945. 3. 5	고양수리조합 설치	298.0ha	298.0ha	고양지구
1952. 11. 25	제1차 구역확장	299.5	597.5	고양지구
1961. 5. 31	제2차 구역확장	3,082.10	3,679.60	고양지구
1962. 2. 23	토지개량조합 명칭변경		3,679.60	법률 제948호
1966. 11. 10	구역변경	54.5	3,734.10	선궁지구 편입
1970. 1. 10	농지개량조합 명칭변경		3,734.10	법률 제2199호
1970. 6. 4	구역변경	-20.8	3,713.30	선우궁지역 일부구역
1977. 11. 9	구역변경	27	3,740.30	경지정리 면적 증가
1980. 11. 4	구역변경	50.6	3,790.90	구역편입
1981. 10. 29	구역변경	39.2	3,839.10	경지정리 면적증가
1983. 4. 1	구역변경	-54	3,776.10	구역제외 고양 20.3 선우궁 33.7
1983. 6. 13	구역변경	-31.2	3,744.90	미터법 환산조정
2008. 12. 29	한국농어촌공사 명칭변경			

80년 만에 가뭄이 닥쳤다. 그러나 고양군 능곡 일대 농토는 수리사업 덕분에 끄떡없었다. 지역 농민들은 이가순이 만든 관개수로의 고마움을 깨닫고 "우리가 이가순 씨 덕분에 잘살게 되었다"라고 말했다.

이가순의 두 딸들(이인숙, 이원숙)은 이런 일을 마음에 새기며, 어려운 일에 부딪힐 때마다 '우리 아버지는 칠십이 넘어서도 산을 뚫으셨는데…' 하는 생각을 하며 용기를 얻었고 자손들에게도 그렇게 가르쳤다.

이가순 가족이 1935년부터 10년간 사재 48만 원의 거액(현, 480억 원)을 들여 행주양수장과 수리 간척을 시작한 것은 사리사욕을 위한 일이 아니었다. 순전히 농촌경제 부흥을 위한 애국애족의 헌신이었다.

고양 군민들은 이원재를 백마 타고 농촌 구석구석을 다니며 진료하는 고마운 의사로 기억하고 있다. 노숙경은 미국 선교사가 세운 정신여고에서 기독교를 접했고 하얼빈, 강릉, 공덕에서 교회 생활을 열심히 했다. 아버지와 남편을 도와 참 열심히 살았다. 6남매가 커가는 것을 보는 것이 그녀의 큰 행복이었다. 그러나 세브란스의과대학에서 공부하던 두 아들 중 장남 동훈이 졸업반 때(1940년도) 갑자기 죽는 불행을 겪었다. 의사로서 민족에 이바지할 재목으로 기도해왔던 큰아들이 죽자 노숙경은 너무 애통했다. 상해에서 아버지 노백린 장군이 세상을 떠났을 때도 그만큼 마음이 슬프지는 않았다.

이원재 부부는 너무나 비통해하면서 삼성당에 3백 평의 토지(당시 가격 1천 원)를 헌납해서 초가집교회(능곡감리교회)를 세웠다. 능곡교회는 1938년 4월 1일에 이원재, 이형재 가족이 백석농장에서 농장 관리

이원재·노숙경의 큰아들, 이동훈
(23세 사망, 세브란스 의전재학 중, 1940년)

능곡감리교회

인 이형규, 한용남 가족과 같이 시작한 기도처가 모체였다. 공덕교회는 1940년 초부터 능곡지역에 교회 개척 계획을 세우고 이원재, 정태응, 이경식 3인을 추진위원으로 선임했다.

마침 이원재 부부가 큰아들 동훈의 죽음을 애통해하며 교회 터를 헌납하자 공덕교회와 서울의 여러 교회에서 164원, 경성연회에서 200원 등 모두 680원의 건축비를 지원해 능곡교회 예배당을 설립하고 봉헌식을 올렸다. 이만영 전도사와 김영제 전도사가 부임해 자비량 전도 활동을 했고, 경성연회 부인회에서는 전도부인 임병옥을 파송해 교인 수가 늘어났다. 1942년 감리교회 경성연회 회의록에는 능곡교회 연회원 대표로 이형재(신도 대표), 김봉애(부인회장), 임병옥(일요학교장)이 참가했다고 적혀 있다.

이원재 부부는 하나님을 의지하면서도 도무지 마음이 진정되지 않아 새벽기도 시간마다 하염없이 눈물을 흘렸다. 능곡교회가 동훈이를 오랫동안 기억해 주기를 기도했다. 이원재 의사 일가족과 강릉에서 함께 온 이형규 가족, 해주 출신 최석기 가족이 합심해 교회가 크게 부흥했다. 교회 주변에 있던 이원재 소유의 과수원 땅은 교인들의 공동명의가 되었다가 현재는 2천3십 평이 교회 소유로 희망의 터전이 되었다.

해방 후 38선을 따라 남북으로 분단되었고, 남쪽에도 공산당 조직이 학교에까지 침투했다. 1947년 능곡초등학교 교사 중에 용공 분자가 학교 건물에 불을 질러 학교가 모두 불타버리는 일이 일어났다. 이원재는 이런 상황에서도 백석농장을 처분해 학교를 복구해 주었다.

이원재는 노백린 장군이 중국으로 망명을 떠날 때도 원산구세병원 의사로 근무하면서부터 장군의 가족을 돌봐주었고, 만주와 연해주에서 이가순이 독립운동을 할 때도 든든한 후원자였다. 그는 또 이가순의 권유로 하얼빈으로 이주해 고려병원을 운영하면서도 교포 민회 회장으로 활동했고, 감리교회를 설립하고 병원을 운영해서 모은 은전을 마루 밑 항아리에 숨겨두었다가 독립군에게 군자금으로 전달했다. 고양군에서 수리·간척사업을 하는 동안에도 비밀리에 한용만 씨를 강원도 유점사로 보내 비밀요원을 접선해 상해임시정부 군자금으로 금덩이를 전달했다.

그는 의사 신분으로 애국·애민정신을 실천한 활동가였다. 덕분에 원산을 근거로 한 이가순의 3·1운동 거사와 만주와 러시아의 항일운동에 큰 도움이 되었다. 이가순의 농촌경제부흥운동 역시 이원재 의사의 동역으로 얻게 된 결실이었다.

이들 부자가 흘린 땀과 눈물, 재산이 지금은 비록 땅에 뿌려져서 흔적없이 사라졌지만, 그 정신만은 옥토가 되고 영원히 흐르는 물이 되어 열악했던 농촌을 풍요롭게 해 주었다.

지도자의 변절

이가순은 고양군 삼성당마을(지금의 토당리)에서 수리·간척사업을 하면서 화정에 사는 오화영 목사로부터 3·1운동을 함께했던 동지인 원산 상리교회 정춘수 목사가 감리교회의 감독이 되고부터 저지르는 친일 행적 이야기를 들을 때마다 몹시 속이 상했다. 그의 변절은 우리 땅에 들어와서 목숨을 걸고 헌신하는 많은 선교사를 생각하면 너무나도 부끄러운 모습이었다.

당시 우리나라에 들어온 선교사들은 대체로 명문 가정 출신들이었다. 그런 이들이 젊은 날 하나님께 서원한 대로 어둡고 험한 혼돈의 땅이었던 당시 조선에 들어온 것이다. 당시 감리교회 선교사는 6백여 명에 이르렀고 이 땅에서 남편이나 아내, 또는 자식이 병이 들거나 사고를 당해 죽음을 맞는 비극을 겪은 이들도 있었다. 그런데도 그들은 의연하게 그 빈자리를 남은 가족이 대신하면서 명예롭게 선교사 직무를 이어 나갔고, 진정으로 한국인을 불쌍히 여기고 사랑으로 보살펴 주었다.

1930년 12월, 미국 감리교회가 45년 동안 선교사들이 피땀으로 일궈온 교회를 '조선인에 의한 교회' 조직으로 만들어 이양하면서 조선인이 교회 수장이 되었다. 그러나 일제는 이런 변화를 되레 한국교회를 통제할 기회로 여겼다. 미국 선교사는 일본이 함부로 대할 수 없는 위치에 있었기 때문이다.

일제가 기독교를 탄압하는 데 이용된 수법은 바로 신사참배 강요였다. 일본의 신도는 다신교적인 정령신앙으로, 자연, 조상, 영웅, 천황숭배를 포괄하는 일본의 토착 종교인데 1868년 메이지유신 이후 제국주의 통치의 이데올로기가 되었다. 일제는 조선 교회에 신사참배를 강요하고 강제로 교단을 합병해 민족말살정책에 이용했다. 특히 선교사들과 기독교인들의 반발이 커지자 신사참배는 종교의식이 아니라 국민의례라고 선전하고 회유했다. 학생들이 집단으로 신사참배를 거부한 기독교 계통의 수많은 사립학교의 교장들을 해임하고 학교 문을 닫았다. 총독부 행정의 영향권 아래 있는 모든 단체는 어쩔 수 없이 이에 순응할 수밖에 없었다.

일제는 기독교 지도자들을 대상으로 끈질기게 전향을 유도해 결국에는 성공했다. 신사참배를 거부하다가 굴복하고 만 천주교를 필두로, 성공회, 성결교, 구세군, 감리교, 장로교까지 차례로 총회를 열어 신사참배가 교리에 어긋나지 않는다고 결정하고 받아들였다.

양주삼 초대 감독은 1936년 신사참배가 국민이 봉행할 국가의식이라는 조선총독부 학무국장의 통첩에 교회의 존립을 위해 불가피하게 순응해야 한다는 논리로 신사참배를 수용했다. 그러고는 감리교회 지도자들은 일제의 황국 신민화, 교회 혁신화, 교파 합동의 홍보 나팔수로 활동하기 시작했다. 2대 김종우 감독이 10개월 만에 병으로 별세하자 총리원 이사회는 1939년 10월에 아홉 차례의 투표 끝에 3·1운동 민족대표였던 정춘수 목사를 후임 감독으로 보선했다. 정춘수는 감리사대회를 열고 기독교조선감리회 창립 10주년을 맞아 교인 배가운동을 시작하고 기념식을 준비하기로 결의했다. 하지만 일제는 신사참배에 만족하지 않고 이듬해인 1940년부터 황국 신민화와 교회의 신사화(神社化)를 추진했다. 그러자 총리원 이사회는 일제가 제정한 종교단체법에 순응해서 정춘수 감독과 신흥우가 손질한 조선감리회 혁신안을 승인했다.

이 혁신안의 골격은 일제가 미국감리교회의 일본 주재 아베 감독을 통해 총리원에 통보한 내용으로, 일제의 지배를 거스르는 내용의 성경과 찬송가 사용을 금지하고 선교사를 배격했다. 또 기독교조선감리회는 기독교조선감리교단으로, 감독은 통리자로, 감리사는 교구장으로, 목사는 교사로, 담임목사는 담임주관자로, 연회는 교구로, 총리원은 교단본부로 이름을 바꾸는 것이었다. 또 혁신 교단 규칙 통과, 장정 폐기, 4개 연회 해산, 10개 교구 조직, 교회 합병, 창씨개명, 일본어 상용, 한글신문잡지 폐간, 국민정신총동맹 결성, 신학교 혁신화 등도 포함되었다. 이 혁신안을 이끌어간 사람은 정춘수를 비롯한 이동욱, 신흥우, 박연서, 김인영, 김명섭 등이었다. 이로써 정춘수 통리사는 일제의 첫 적자가 되었다.

신흥우는 감리회보 2월호에 "…이 세상에서 일본의 적자(赤子)가 된 신민(臣民)은 국가의 가장이 되는 군부께 충과 효를 다하여 한 가족으로 나아갈 것이다"라는 글을 발표했다. 정춘수는 이 혁신안을 통과시키려고 소집한 1941년 2월 임시총회가 반대자들의 강력한 이의 제기로 무산되자 다시 친일 인사들을 동원해 시국 대응 신도대회를 열었고, 정동제일교회 특별총회에서는 일본 경찰의 호위 아래 지지자들만 모아놓고 혁신안을 일사천리로 통과시켰다. 그는 '조선감리교단'의 통리사가 되어 일제의 적자(赤子)가 된 것이었다. 그리고 교파 합동의 목표는 '일본기독교조선감리교단'이 되는 것이었다.

게다가 윤치호, 김활란, 신흥우, 홍병선, 조민형, 장정심, 박인덕 등 평신도 지도자들이 일제의 부역을 강요받고 시국 연설, 징병 및 정신대 찬성, 친일 언론 활동에 나서면서 교회와 민족에게 실망감을 안겨주었다. 이에 따라 교회 지도자에 대한 신뢰는 추락했고 교인 수도 급격히 줄었다.

일제는 1937년 중일전쟁 이후부터 외세를 배제한다는 명분으로 선교사 추방 전략을 세웠다. 우선 1939년부터 종교단체법을 시행해 종교 합동 전략을 추진하면서 서울, 평양, 만주에 있는 신학교와 전문학교 책임자로 있던 선교사들을 해임하고 한국인으로 대체했다. 미국감리교회 선교부의 연락조직인 중앙협의회도 해산했다. 실제로 미국과 태평양 전쟁을 벌이기 1년 전부터 이미 선교사들은 적성국 국민으로 몰려 모든 권리를 박탈당했고, 그들의 재산은 적산(敵産)으로 분류되었다. 1940년 11월 16일 219명의 선교사가 1차로 인천에서 배편을 통해 추방되었다. 남아 있는 선교사들에게는 일제의 정책을 비판하고 반전(反戰) 분위기를 획책했다는 명목으로 체포해서 심문하고 기소했다. 결국, 1941년 3월에서 10월 사이에 모든 선교사가 추방되고 말았다. 그리고 그해 12월 7일 마침내 일본이 하와이를 침공하면서 태평양 전쟁이 발발했다.

일제가 한국인을 전쟁에 동원하면서 징병, 징용, 정신대로 수많은 이들이 끌려나갔다. 정춘수 통리사는 선교사들 눈치 볼 일이 사라지자 전국 교회에 '쇠붙이 헌납, 태평양 전쟁 완수 협력'에 관한 동지문을 보내 철물과 국방헌금을 거둬들였다. 그리고 비행기 헌납을 위해 38개 교회와 여선교회 터 2만 평을 강제로 매각했다.

감리교회는 임시총회를 열어 혁신 교단의 불법성을 규탄하고 반대 결의를 했다. 그러나 조선총독부 경무국장은 이를 승인하지 않았고 교회 안에 갈등만 증폭됐다. 1943년 10월 14일에는 친일파 인사들이 임시총회를 열어 '일본기독교조선감리교단'으로 명칭을 바꾸고 정춘수가 다시 통리사로 복귀했다. '일본기독교조선혁신교단'은 일제가 조선총독부 휘하에서 정춘수 통리사를 중심으로 혁신을 가장해 추진해 온 교회 합병 프로젝트였다.

정춘수 통리사의 친일 행각에는 거침이 없었다. 그는 교회 혁신안에 협조하지 않는 목사는 회유하거나 투옥했고, 제명이나 추방도 서슴

지 않았다. '혁신'이라는 이름으로 교회의 생명을 교묘하게 갉아 먹은 것이다. 또한, 양주삼, 류형기, 정일형, 이환신, 이호운, 홍현설, 전영택, 김광우, 마경일, 전희철, 송정률, 배덕영, 송정근, 구성서, 윤치호, 김활란, 문창모, 박현숙 등 50여 명을 파면, 퇴직, 면직, 휴직 처리했다. 친일파의 관점에 따라 감리교인이 감리교인을 처단하는, 인륜과 민족정신에 반하는 행위를 한 것이다.

1944년 3월 교단 상임위원회에서 '군용기 헌납 및 교회 병합 실시'라는 안건을 통과시키고 교회를 통폐합한 비용으로 군용기 3대를 일제에 헌납했다. 그것도 모자라 황도문화관(관장 갈홍기)을 설립해 일본 정신과 문화를 전파했고, 한강에 가서 미소기바라이(청정, 淸淨) 예식을 했으며, 일장기가 그려진 두건을 쓰고 남산에 있는 신궁까지 뛰어가서 참배하게 했다. 감리교회는 이렇게 자율성을 잃고 일본의 국가교회이자 정치도구로 전락했다. 1인 감독에게 교권이 집중되어 있어서 길들이기가 더욱 손쉬웠다. 1945년 7월 19일, 조선총독부의 관리 아래 감리교회, 장로교회, 구세군, 성공회 등이 통폐합되어 마침내 '일본기독교조선교단'이 조직되었다. 그러나 가공할 만한 파괴력을 가진 미국의 원자폭탄 두 발을 맞고 일제가 패망하자 27일 만에 소멸하고 말았다.

따라서 3·1운동 민족대표 33인이며 한국감리교회 감독이었던 정춘수의 지위도 사라졌으며, 감리교회 역사에서 부끄러운 이름으로 남게되었다. 정춘수는 훗날 천주교로 개종했고 1951년 굴욕적인 생을 마쳤다. 그가 감독으로 있었던 4년 동안 교리와 장정은 폐기되었고 총회는 단절되었으며 연회도 해산되었다. 이것이 조선감리회 탄생 15년 만에 겪은 치욕이었다. 1940년부터 모든 선교사가 두 차례에 걸쳐 강제 추방을 당했지만 그들의 희망이었던 마을 교회는 여전히 살아 있었다. 추방당했던 선교사들은 다시 한국으로 돌아가서 선교사역을 계속할 수 있기를 원했다. 그런 바람이 미 군정 사령관 하지에게 전해져 국무성에 선교사 파견을 요청했고, 마침내 1945년 해방이 된 뒤 1948년까지 45명의 감리교 선교사들이 다시 한국 땅으로 돌아올 수 있었다. 그간 600여 명의 선교사가 한국에서 명예롭게 살았으며, 고향을 떠나 먼 이국의 양화진 선교사 묘지에 가족이 함께 영원히 잠들어 있는 이들도 있다.

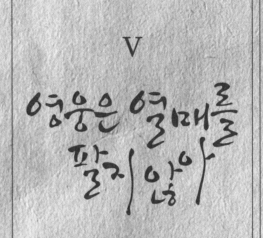

V

영웅은 열매를
팔지 않아

양국이가슴을 기리며

양국피춤 이가슴조각상(1867~1943)

이가순이 1909년부터 1931년까지 22년 동안 원산과 만주를 왕래하면서 독립운동을 하고 있을 때, 이원재는 1913년 원산구세병원(3년)에서, 1916년에는 만주 흑룡강성 하얼빈 고려병원(8년)에서, 또 1924년에는 강릉으로 이주해서 1932년까지 관동병원을 운영하면서 강릉중앙교회에서 8년 동안 장로로 시무했다. 1927년에 아버지 이가순이 원산 신간회를 조직했듯이 이원재 역시 같은 해에 강릉 신간회를 조직했고, 대표로서 책임을 다했다. 그러면서도 6남매를 가르치고 정서를 함양시키는 일에도 소홀하지 않았다.

장인인 노백린 장군은 1915년에 중국 상해를 거쳐 미국으로 망명했는데, 미국에서 캘리포니아에 윌로스 비행학교를 세워 5년 동안 항일비행군단을 양성했다. 하지만 재정문제로 오래 계속할 수는 없었다. 노백린은 1921년경 중국 하얼빈으로 건너가서 독립군 양성을 위한 항일계몽운동에 힘썼고, 1922년에는 다시 상해 임시정부 기지로 돌아와서 임시정부 군무부 총장 명의로 군자금을 모금하는 일에 노심초사했다.

이가순이 원재에게 하얼빈 이주를 권유했던 것도 단지 의료 활동만을 하라는 뜻이 아니었다. 원산이 국내와 만주의 교두보였듯이 하얼빈은 원산과 만주, 상해를 잇는 통로였다. 이원재는 하얼빈으로 이주한 초창기부터 아버지의 독립운동을 지원했는데 1921년부터는 장인의

독립군 자금까지 지원했다. 그의 독립군 자금 지원은 고양군으로 옮겨
온 뒤에도 계속되었다.

이가순과 조봉암

이가순에게 깊은 인상을 받고 살아간 청년이 있었다. 이가순이 54세에 3·1운동으로 서대문형무소에 들어갔을 때 같은 감방에서 만난 20세의 조봉암이었다. 그는 강화도 소작 농민의 아들로, 3·1운동에 나섰다가 이가순과 함께 재판을 받는 처지였다. 다부진 몸매에 무척 영민했던 청년 조봉암은 일제 총독부의 토지침탈정책과 신흥 일본인 지주계급의 횡포에 불만이 많았다. 그에게는 국권 독립보다는 소작농의 운명을 바꿀 수 있는 근본적인 토지개혁이 우선이었다. 이가순은 그의 생각에 공감하며 연해주와 만주에서 경험했던 독립운동의 현실에 대해 많은 이야기를 나누었다.

조봉암은 1년의 형기를 마치고 이가순보다 먼저 출옥했다. 그는 일제 치하에서 사회주의 무정부주의에 심취했다가 나중에 항일단체인 조선노동총동맹에 참여했다. 1924년부터는 중국 상해로 건너가 중국 공산당원으로 활동하다가 1932년 상해 일본 영사 경찰에 붙잡혀 신의 주형무소에서 7년간 옥살이를 했다. 안타깝게도 그가 감옥에 있는 사이, 첫째 부인과 첫 아이가 굶주림으로 죽었다. 그래도 그는 새로운 세상에 대한 꿈을 포기하지 않았다. 출옥 후 마흔 살이 넘어서 재혼을 했고 슬하에 딸 하나를 두었다. 조봉암은 인천에서 요시찰인물로 찍혀 대외활동을 못 했는데 1945년 해방과 더불어 자유의 몸이 되었다.

우리나라는 식민지 전시경제 체제 아래 농업생산기반이 파괴되어 해방 이후까지도 생산력을 회복하지 못했다. 이런 사정을 모르는 미 군정청은 수급 안정에 필요한 대책은 세우지도 않고 쌀의 자유 판매를 허가했다. 그 결과 쌀값이 폭등했다. 게다가 만주, 일본 등에서 230만 명에 달하는 동포들이 귀환해 남으로 내려와 쌀 소비는 더욱 늘었고 식량부족 현상은 더욱 심각해졌다. 미 군정청은 결국 한 달도 못 버티고 같은 해 11월에 자유 거래를 금지했다. 하지만 그 뒤에도 매년 추수기에는 쌀값이 안정되었다가 춘궁기만 되면 폭등하는 일이 되풀이되어 물가 불안이 계속되었다.

그 때문에 투기를 목적으로 한 쌀 사재기가 성행했고 쌀값 인플레는 결국 해방 이후 경제 인플레이션으로 이어지는 주요인이었다. 미 군정청은 1946년 6월부터 3년 동안 92만 톤의 양곡을 들여와서 국내에서 수집한 양곡과 함께 배급제를 시행했다. 그러나 근본적인 물량 부족 때문에 쌀값을 안정시키지는 못했다.

농민들은 식민지 지주제 철폐를 내용으로 하는 토지개혁을 열망했다. 미 군정은 조선총독부와 동양척식주식회사, 일본이 소유했던 귀속재산을 접수·관리하기 위해 1946년 2월에 신한공사를 설립했다. 미 군정은 소작료가 총 수확물의 3분의 1을 초과할 수 없도록 규제하고 지주가 일방적으로 소작 계약을 해제하는 것을 무효로 하는 정도의 소극적인 정책을 시행했다. 당시 경제구조에서 농업이 차지하는 비중은 절대적이었고, 농민 대다수는 소작농이었다.

한편 북한은 1946년 3월 '무상 몰수', '무상 분배'의 원칙에 따라 일본인과 조선인 지주의 토지를 몰수한 뒤 이를 소작 농민이나 소농 등에게 분배했다. 대한민국에서는 농지 및 토지개혁이 늦어지면서 농민들의 불만이 고조되었다.

조봉암은 정계에 투신했다. 건국준비위원회와 민주주의민족전선에서 활약하면서 1946년 5월 박헌영(朴憲永)의 공산주의 노선을 공개적으로 비판했다. 그리고 '민족 전체의 자유생활 보장'을 내걸고 노동계급의 독재, 자본계급의 전제를 다 같이 반대한다는 중도통합노선을 주장했다. 더불어 조선공산당과는 결별을 선언하고 미 군정 당국의 좌우합작을 지지했다. 이런 사상적인 방황 속에서 그는 소작농의 아들로서 이념투쟁보다는 실제로 절대 빈곤 계층인 농민의 삶을 개선하는 것이 우선이라는 것을 깨달았다. 그는 1948년 5·10선거에 출마해 인천에서 제헌 국회의원에 당선되었고, 헌법기초위원으로 활약했다. 농지개혁법을 만들어 소작인에게 농지를 분배하는 것으로 국가의 기초를 놓으려 했던 것이다.

조선 후기에는 조정이 지방 지주세력을 제대로 통제하지 못해 소작료가 수확량의 절반을 넘어갔고, 일제강점기에는 소작료가 수확량의 80퍼센트를 넘어가는 경우까지 있었다. 조봉암은 이런 상황을 무척 안타까워했다.

이승만 대통령은 49세의 조봉암을 토지개혁의 적임자로 보고 농림부 장관으로 임명했다. 정부의 보수적 색채를 가리고 한민당과 남로당의 영향력 아래 있던 농민 중 80퍼센트나 되는 소작 농민을 자신의 지지기반으로 만들기 위해서였다. 이승만은 그래야 공산혁명을 막을 수 있다고 생각했다.

조봉암은 1948년 9월 4일 신속하게 강정택 차관, 강진국 농지국장, 이순택 기획처장 등과 4인이 함께 농지개혁법기초위원회를 결성했다. 이들은 당시 남한에서 이념적으로 포용 가능한 가장 진보적인 인물들이었다. 약 2개월간의 농촌조사를 거쳐 농림부 초안이 완성되었고, 그해 11월 22일에 발표했다. 토지개혁안을 서둘러 공개한 것은, 불안정한 정치 상황에서 체제가 수용할 수 있는 최대한의 개혁안을 농민들이 미리 인식할 수 있도록 해서 보수적인 토지개혁안이 나올 가능성을 차단하려는 의도였다. 그 뒤 1949년 1월 4일부터 각 도청 소재지에서 공청회를 개최해 의견을 수렴한 뒤 1월 24일 농림부안을 완성해 국무회의에 입안하고 채택시켰다.

'농지개혁법'은 1949년 6월 21일 제헌 헌법에 따라 농지를 농민에

농지개혁법(1949년 6월 21일)

게 적절히 분배해 농가의 경제적 자립과 농업생산력을 증진함으로써 농민들의 생활 향상과 국민경제의 균형 발전을 꾀하기 위해 제정된 법률이었다.

이 법은 총칙을 비롯해 취득과 보상, 분배와 상환, 보존과 관리, 조정 기타, 부칙 등 전문 6장 제29조와 부칙으로 이루어져 있으며, 1950년 3월에 공포한 뒤 시행되었다.

그 골자는 ① 농지의 소유 상한은 3정보(약 1만 평) ② 초과 농지는 유상매입·유상불하 ③ 평년작의 150퍼센트를 지주에게 지가증권으로 지급 ④ 농민은 30퍼센트씩 5년간 분할 상환 등이었다. 유상몰수, 유상분배 원칙으로 시행한 토지개혁이었다. 지주에게는 '지가(地價)증권'을 주었고, 이 지가증권을 담보로 은행에서 대출을 해주도록 해서 지주를 산업자본가로 이끌었다.

농지개혁의 결과, 지주제가 무너졌고 상당수의 농민이 자기 땅을 가질 수 있게 되었다. 그러나 일부 지주들은 이 법의 시행이 지연되는 틈을 타 미리 토지를 매매하거나 비농지로 전환해 농지개혁에 대비하기도 했다.

1949년부터 실질적인 행정절차에 들어가면서 한국전쟁 전까지는 농지개혁이 대상 농지의 70~80퍼센트를 분배할 정도로 순조롭게 이뤄졌다. 해방 직후 농지의 65퍼센트를 차지했던 소작지가 1951년에는 8퍼센트까지 줄어들었다. 6·25전쟁으로 지가증권이 휴짓조각이 되면서 토지개혁과 산업자본가 육성정책의 동시 추진은 무산됐지만, 토지개혁은 성공적이었다.

농지개혁은 과거 조선 시대 역대 임금들도 여러 번 시도했으나 조선 태조의 과전법 이후 한 번도 성사시키지 못한 일이었다. 소작료에 따른 중압감과 경작권의 불안정성에서 해방된 소작 농민들은 이승만 대통령 덕분에 쌀밥을 먹게 되었다면서 이승만의 지지기반이 되었다. 자기 땅을 가지게 된 그들은 한국전쟁 기간 북한의 끊임없는 선전 공세가 있었는데도 대한민국 국민이라는 정체성이 흔들리지 않았다. 김일성은 인민군이 남한을 점령했을 때 무산계급이 봉기할 거라고 예상했다. 하지만 농민봉기는 일어나지 않았다. 그 당시 이승만 대통령이 조봉암을 기용하지 않았다면 지금의 대한민국은 없었을지도 모른다고 해도 지나친 말이 아니다.

우리나라가 일본의 지배를 받게 된 근본 원인은 90퍼센트에 달하는 소작인들의 삶이 삼정(전정, 군정, 환정)의 폐해로 피폐해졌기 때문이다. 조봉암은 토지개혁으로 소작제나 지주제를 없애는 것이 봉건사회를 청산하고 산업자본주의로 발전하는 계기가 될 것이라고 확신했다.

지주들에게 주는 보상액과 분배받는 농민들의 상환액은 적절하고 합리적이어야 했다. 소작인에게 땅을 거저 주면서도 세금을 안 받겠다고 했다면 더 좋아했겠지만, 만일 20할(割), 30할이었다면 농지개혁법은 제정되었더라도 시행되지 못할 것이므로 보상액은 15할이 넘지 않아야 했다. 이런 점에서 조봉암의 농지개혁은 무상분배하면서 세금을 부과하는 북한 방식이나 유상분배하되 지주 보상액을 높이는 한민당의 정책과는 달랐다.

제2차 세계대전 후 독립한 나라들은 모두 가난하고 불평등하고 부패했다. 그러나 한국과 타이완은 성공적인 토지개혁을 통해서 지주계급을 해체하고 소득과 부의 분배가 비교적 평등한 사회가 되었다. 공산주의가 아닌 자본주의 체제에서 세계에 유례가 없는 토지개혁을 한 것이었다. 게다가 자기 땅을 가지게 된 농민들의 자발적 교육열이 오늘날 대한민국 경제발전의 기적을 이루어낸 에너지의 원천이 되었다. 경제발전과 토지개혁은 상관관계가 있다. 토지개혁을 잘한 나라일수록 평등주의가 널리 퍼져 높은 교육열로 이어지고 그에 따라 양질의 노동력이 충족됨으로써 경제성장률도 높다.

그러나 이 법에서 농가의 농지 소유 한도를 3정보(町步)로 제한해 소작, 임대차 또는 위탁경영을 금지하고 매매도 제한했기 때문에 농민은 영세화(零細化)를 면치 못했고, 농촌근대화의 장애 요인이 되기도 했다. 그 때문에 이 법의 시정을 요구하는 여론이 높아졌다. 그에 따라 현행 헌법은 제121조에서 경자유전의 원칙에 따라 농지의 소작제도(小作制度)는 금지하되, 농업 생산성의 제고(提高)와 농지의 합리적인 이용을 위해 또는 불가피한 사정으로 발생하는 농지의 임대차와 위탁경영은 법률이 정하는 바에 따라 인정하는 것으로 규정함으로써 농촌근대화의 길을 꾀했다.

농지개혁에 반발이 없을 리 없었다. 조봉암은 1949년 국회에서 농림부 장관의 관사 수리비로 농림부 예산을 전용했다는 문제가 제기되자 그 책임을 지고 즉시 장관직에서 물러났다. 그러나 이듬해인 1950년에 제2대 국회의원으로 당선되어 국회부의장이 되었다. 1952년 53세 때는 제2대 정·부통령 선거에 입후보했고, 1956년 57세 때는 5·15 정·부통령선거에서 무소속으로 출마해 전체 유효투표자의 30퍼센트인 216만 표를 얻었다. 조봉암은 이를 기반으로 같은 해 11월 책임 있는 혁신정치, 수탈 없는 계획경제, 민주적 평화통일이라는 3대 정강을 내걸고 사회민주주의 진보당(進步黨)을 창당했고 위원장에 당선됐다. 진보당은 1958년 5월 국회의원 선거에서 지역구 후보가 당선되면서 원내에 진출했다.

그러나 10년간 조봉암이 보여준 개혁적인 행보와 대통령 선거에서 나타난 높은 지지세에 위협을 느낀 보수 정치세력은 1958년 1월, 그를 진보당원 16명과 함께 간첩죄 및 국가보안법 위반혐의로 엮어 기소했고, 법원에서 사형선고가 확정되었다. 그때 그의 나이는 60세였다. 그리고 이듬해인 1959년 7월에 신속하게 사형이 집행되었다. 그는 죽음 앞에서도 적당한 타협으로 목숨을 구하기를 거부하고 깨끗하게 죽는 길을 택했다. 조봉암은 자신을 따라다니던 온갖 비난을 짊어진 채 저세상으로 갔다.

학계 및 정치권에서 여러 차례 조봉암의 복권을 시도했다. 그 결과, 1992년 10월 여야 국회의원 86명이 서명한 사면 복권 청원서가 국회에 제출되었고, 2007년 9월 27일 '진실·화해를 위한 과거사정리위원회'에서 조봉암이 연루된 진보당 사건을 이승만 정권의 반인권적 정치 탄압이라고 결론 내리고, 유가족에게 국가가 사과하고 독립유공자로 인정할 것과 판결에 대한 재심 등을 권고했다. 그러나 그가 죽은 지 52년이나 지난 2011년 1월 20일에 와서야 대법원 전원합의체에서 그의 국가변란과 간첩 혐의에 대해 전원 일치로 무죄를 선고함으로써 비로서 복권되었다.

＊＊＊

이승만 정권은 토지개혁을 시행했고, 민생문제 해결의 관건이 농업증산에 있다고 보고 쌀과 맥류 증산을 중심으로 하는 농업증산 3개년 계획(1949~1951년)을 수립했다. 그러나 6·25전쟁이 터지면서 계획한 목표를 제대로 이루지 못한 채 끝이 났다. 전쟁이 끝나고 1953년부터 2차에 걸쳐 추진된 농업증산 5개년 계획(1차 1953~1957년, 2차 1958~1962년)에서는 비료 증시, 종자 개량, 경종법 개선을 통한 식량 증산에 목표를 두었고 간척사업도 추진했다.

그 결과 1955년에는 쌀 2천54만 석을 생산해 처음으로 쌀 2천만 석 시대를 열었으며, 맥류 생산량도 증가했다. 그러나 1960년대 들어서도 식량 사정은 별반 나아지지 않아 보릿고개는 연례적으로 반복되었고 많은 국민이 배고픔에 허덕였다. 여전히 농업생산의 기반이 열악하고 투자 재원이 부족한 데다 비료와 농약, 농기계와 같은 영농자재산업이 후진성을 면치 못해 계획만큼 성과를 올리지 못한 것이 근본 원인이었다.

박정희 정권은 1962년 제1차 경제개발 5개년 계획을 시작하면서 농업증산과 생산과정 근대화에 힘썼으며, 식량 자급을 위한 양곡 증산과 수출용 농산물의 증산을 목표로 했다. 식량 증산 목표를 달성하기 위해 제3차 농업증산 5개년 계획(1962~1966년)을 통해 간척사업과 생산기반 정비를 위한 경지정리, 관배수 사업, 농업 생산성 증대를 추진했다. 그러나 이런 노력에도 불구하고 양곡의 생산 증가율은 오히려 3.5퍼센트 감소했다. 극심한 가뭄과 같은 기상조건의 영향도 있었지만, 농경 면적의 감소도 중요한 원인이었다.

1970년대에도 정부는 식량 증산을 농정의 최우선 과제로 삼았다. 중앙과 지방의 전 행정력을 동원해 치밀한 증산계획을 세우고 집행하는 데 총력전을 폈다. 이를 위해 정부는 대단위 농업종합개발사업, 농업용수의 개발, 경지정리와 배수 개선, 농지의 보전과 확대 등 농업생산 기반 조성에 주력하는 한편, 농업기계화 사업, 다수확 벼 품종의 개발과 보급, 농산물 가격지지 정책 등을 추진했다. 이때 개발된 신품종인 통일벼의 수확성이 다른 품종보다 30퍼센트 이상 높게 나타나자 정부는 통일벼 보급을 적극적으로 추진해 재배면적을 확대했다. 그 결과 1974년에는 쌀 3천만 석 시대를 열었고, 1977년에는 4천만 석을 돌파해 주곡의 자급을 달성했다. 30년 가까이 계속됐던 외국산 쌀의 도입을 중단함으로써 쌀 자급이라는 민족의 숙원을 이루었다.

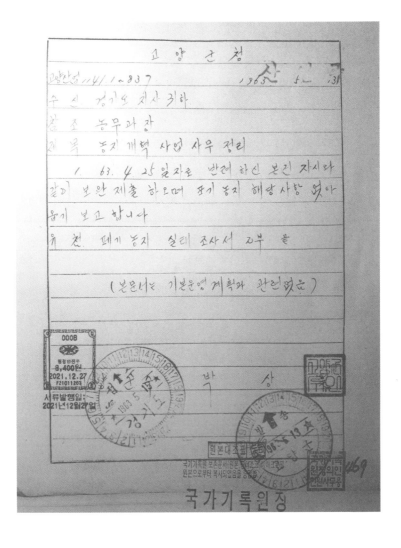

고 양 군 청

광안접114/1~837   1965. 5. 31

수 신 경기도 지사 귀하

참 조 농무과장

제 목 농지 개혁 사업 사무 정리

  1. 63. 4. 25일자로 반려 하신 본건 지시라

같이 보안 제출 하오며 포기 농지 해당 사항 없아

옵기 보고 합니다

유 첨. 폐기 농지 실태 조사서 7부 끝

(본문서는 기본운영 계획과 관련없음)

박   상

***

이가순, 이원재 부자는 일제 치하에서 수리·관개 사업으로 수많은 소작 농민들에게 농토를 만들어 주고 수리조합을 설립해 가뭄 걱정 없이 농사를 지을 수 있게 해주었다. 이 농토는 5년 후인 1950년 3월부터 농지개혁법이 시행되면서 농민들의 소유로 돌아갔다. 이원재가 별세한 지 한 달이 지나서부터였다.

그 결과는 아래와 같이 1962년 12월 7일 고양군에서 경기도지사에게 읍면별 '(매수) 감면승인 농지', '(매수) 폐기 농지실태 조서', '(매수) 포기농지 분배 회복 조서 집계표', '(귀속) 감면승인 농지', '(귀속) 포기농지 처리 조서 집계표'를 첨부해 제출한 '고양군 농지개혁사업 사무정리' 보고서를 통해 알 수 있다. 초과 농지나 포기농지를 국가가 매수하거나 귀속시켜 소유농지가 없는 실제 농가에 분배했다는 내용이다.

(매수) 감면승인 농지(승인일 1959. 12. 2)

구분	분배면적	총 상환량	감면량	수분배자 수
신도	87,520	1,195.82	524.42	104
원당	65,843	897.76	259.46	81
지도	210,374	1,962.97	349.98	178
중면	25,442	334.26	68.82	27
송포	67,564	449.86	75.55	42
벽제	38,870	527.89	174.65	47
계	495,613	5,368.55	1,452.78	479

(매수) 폐기 농지실태 조서

구분	면적	필지	총 상환량	기납량	미납량	수분배자 수
신도	5,627	9	50,140	11,220	38,920	10
원당	350	1	3,840	800	3,040	1
지도	3,328	2	15,110	3,070	12,040	3
벽제	1,278	3	14,820		14,820	1
계	10,583	15	83,910	15,090	68,820	15

(매수) 포기농지 분배 회복 조서 집계표(1959년 4월 6일)

(포기일시 1955년 5월 12일)

구분	분배면적	총 상환량	감면량	수분배자 수
신도	180,696	1,999.05	1,210.46	217
원당	35,654	419.34	317.74	45
지도	52,589	519.77	351.26	48
중면	294,967	3,173.46	2,531.41	358
송포	116,080	717.96	573.32	57
벽제	7,017	4.62	3.47	4
계	687,003	6,834.20	4,987.66	729

(귀속) 감면승인 농지(승인일 1959년 12월 2일)

구분	분배면적	총 상환량	감면량	소유자 수
신도	51,438	655.62	244.41	67
원당	2,501	38.47	5.27	3
지도	20,548	241.93	53.75	20
중면	7,198	83.48	11.04	6
송포	1,000	6.15	1.79	1
벽제	5,132	51.47	13.8	6
계	87,817	1,077.12	330.06	103

(귀속) 포기농지 처리 조서 집계표(1957년 4월 6일)

구분	분배면적	총 상환량	감면량	수분배자 수
신도	44,423	521.71	242.23	51
원당	4,681	83.49	60.83	11
지도	14,117	112.56	85.16	14
중면	106,511	1,215.31	970.83	111
송포	45,942	308.23	245.84	45
벽제	437	4.54	4.54	4
계	216,111	2,245.84	1,609.43	236

위 도표를 보면, 1950년 3월부터 집중적으로 시행된 농지개혁사업은 6·25전쟁으로 서울 이북지역은 잠시 중단되었으나 서울수복 이후부터는 전쟁 중에도 전국에서 계속되었다. 그러나 휴전 뒤에 매수가격 지급 방법이나 면적 산정이 부정확해서 혼란이 생기자 1959년 12월에 매수, 귀속, 농지분배 승인이 종료되었다는 것을 알 수 있다.

고양군의 경우 농지개혁사업에 따라 농민들의 소유로 돌아간 농지는 총 1,562필지(농가)였다. 이 가운데 88퍼센트는 주로 신도면, 지도면, 중면(일산), 송포면의 한강 변에서 실제 경작하던 농지로 모두 1,359개가 농가 소유가 되었다. 신도면의 경우 주로 화전과 현천리의 한강 변 농지 449개가 농가 소유로 돌아갔고 나머지는 주로 고양수리조합 관개수로를 따라 실제로 농사를 짓던 한강 변 농지가 910여 개의 농가 소유가 되었다는 사실을 알 수 있다.

***

확장된 고양군수리조합은 4천여 농가의 지지를 받았다. 수리조합을 반대하는 농민은 단 한 명도 없었다. 그들은 진심으로 이가순을 단군 할아버지처럼 존경했다.

조선 시대 말기와 일제강점기의 토지수탈, 쌀 수탈을 목적으로 한 산미증식계획에 따라 농촌은 이루 말할 수 없이 피폐해져 있었다. 해방 후 이승만 정권의 토지개혁이나 박정희 정권의 식량 자급자족을 위한 관개, 간척 추진사업 등을 고려해 볼 때, 암울했던 일제 치하에서 이가순, 이원재 부자가 고양군에서 했던 수리·관개사업(수리조합 설립)은 진정한 애국·애민의 영웅적 행동으로 칭송받아야 마땅하다.

백석농장의 열매

　강릉 생활 8년이 이원재에게는 황금기였다. 그의 나이는 38세, 아내 노숙경은 34세였다. 자녀 6남매도 건강하게 자랐다. 원재는 과목, 화초, 묘목을 심어 관동병원 앞은 꽃 마당이 되었고, 뒤는 과수원이 되었다. 나무에는 매실, 사과, 배, 복숭아, 포도, 앵두, 감 같은 과일들이 돌아가며 주렁주렁 달렸고, 봄이 되면 딸기밭에 딸기도 열렸다.

　노숙경 여사는 정신여고를 졸업하고 목포 정명학교에서 2년간 교사로 근무했다. 그녀는 그런 경력을 활용해서 주민들에게 한글, 생활개선, 위생법, 요리 등을 가르쳤고, 남편을 도와 산파 역할을 해서 백 명이 넘는 새 생명을 받아내기도 했다. 또 강릉에서 문전옥답을 장만했고, 교회의 대소 행사에도 앞장서서 봉사했으며, 소작인들에게 선을 베풀어 교회로 인도했다.

　10만 평 되는 능곡의 백석농장은 원산과 하얼빈과 강릉에서 태어난 이가순의 손주들이 뛰놀던 조국의 에덴동산이었다. 철 따라 과일과 채

소가 풍성했고, 휴일이면 서울에 사는 두 부부의 자녀들이 농장에 와서 즐겁게 지냈다. 자녀들은 가을걷이가 끝나면 부모님이 어려운 이웃들에게 쌀을 나누어 주고 양수장을 만들고 수로를 파는 것을 보면서 자랐다. 덕분에 일제의 지배 아래 있었지만, 이토록 늠름한 부모님의 기상을 보며 구김살 없이 성장했다.

이원재는 모든 재산을 수리사업에 쏟아부었다. 또 장손인 동훈을 기념해 능곡감리교회를 하나님께 드렸고, 해방 후 전소된 능곡초등학교를 복구하기 위해 백석농장을 팔아 헌납했으면서도 자녀들에게는 단 한 평의 땅도 상속하지 않았다. 하지만 망국의 설움 가운데서도 민족의 미래를 생각해서 자녀교육에는 절대 소홀하지 않았다. 그런 생각으로 자녀들을 모두 서울에서 공부시켰다. 그것은 교육입국의 기치로 양산학교를 설립하고 해서교육총회를 조직해 학교를 세워갔던 황해도 사람들의 기상이라 할 수 있다.

매년 가을이면 3,700헥타르(1,130만 평)의 농토에 누렇게 벼가 무르익은 황금 들녘과 고양수리조합은 백석농장의 열매였다. 이원재는 5년 동안 조합장의 직무를 성실하게 맡아 하며 수리조합을 발전시켰다. 조카인 광훈 역시 8년 동안 조합장을 맡았다. 그러면서도 수리조합의 모든 재산을 국가(현 한국농어촌공사)에 헌납해 후손들은 그 열매를 조금도 소유하지 않았다.

이렇듯 아버지의 마음으로 쉴 새 없이 살아온 이원재는 1950년 2월 6일, 64세라는 아까운 나이에 세상을 떠났다. 그는 장남으로서 부모를 모셨고, 두 여동생과 여섯 자녀를 키우며 처남, 처제까지 돌봤다. 비록 직접 항일투쟁에 나서지는 못했지만, 의사의 본분을 다하며 애국·애민 정신으로 민족의 미래를 위해 살아왔던 무거운 짐을 마침내 내려놓게 된 것이다. 장례식은 고양군 지도면에서 사회장으로 치러졌다. 그의 죽음을 슬퍼하는 장례행렬에는 만장이 2킬로미터나 이어졌다.

이가순관개송덕비

이원재의 죽음을 애석해하며 단기 4283년(1950년) 4월에 친구 윤원삼(尹原三), 조익순(趙益洵), 맹관호(孟觀浩), 최춘근(崔春根)이 송덕비 건립위원이 되어 행주양수장에 장엄한 한문체로 이가순관개송덕비를 세우고 이원재의 노고를 새겨 넣었다.

이가순관개송덕비

李公可順灌漑頌德碑

　　公姓李諱可順系出完山居自海西生丁不辰島夷入國天壤易人禽混甲午之亂庚戌之恥爲韓臣民忍何言哉往歲己未高宗賓天國系永絶人民之痛又復岡涯二千萬呼哭聲連北關三千里域慎若欠山公慷慨麓悒三一創義於是乎始矣然壯志未就孤忠難保是果天歟舉義未旬身先縲紲鉄窓冤恨果當幾時時不利金白首何歸苟全姓名非公本意晚計一節寄在此鄉是農村地無名山大川之限人無堤堰築狀之設每年稼事因旱烏有公乃投全資於灌漑之業鑿山通穴浚渠引水積年勞苦果當何如哉嗚呼惜哉事至中途天不暇仁公不幸棄世其賢允元載甫繼述其業又加加力於此可謂平生無改於父之道者也時當中倭作亂國內湯沸半島山河幾成灰燼功可危於一簣弩不穿乎一紗然而元載甫知進而無退有志而竟成豈不讚歌者耶一方賴活全被李公父子之力也瞻彼高岸高陽川利組合之母體由何而成焉舉眼遙指數千町步之良田玉土於是可觀矣嗚呼恨哉時歲窮臘李公元載甫繼而俱亡夫夫人生生前何功存在一域居人追慕永世益切刻石一

檀紀 四二八三年 四月 日

頌德碑建立委員會 同志人 尹愿三 趙盆洶 孟觀浩 崔春根

이가순관개송덕비 앞
(지방문화재 64호)

이가순관개송덕비 뒤
(지방문화재 64호)

이가순관개송덕비(한글 번역문)

공은 본시 황해도 사람으로 관향은 완산(完山) 이씨 가문에서 태어났다. 때를 잘못 만나 왜놈들이 이 나라를 침입해 천지가 뒤바뀌고 사람과 짐승이 뒤섞인 그 혼란한 갑오경장과 경술합병의 국치를 당하니 우리 백성들의 고통을 어찌 말로써 다 하겠는가.

지나간 기미년 의거는 고종(高宗)황제께서 왕위를 물러나신 후 이 나라의 계통이 끊어져 백성들의 통탄함이 더욱 큰지라 이천만 민중의 울음소리가 북궐에 이어지고 그 울분이 삼천리 전역에 화산 터지듯 하게 되니 공께서는 또한 강개함과 울분을 견디지 못해 항의했으나 3·1운동이 이로써 시작되었다고 해도 과언이 아니다.

그러나 그 장한 뜻을 성취하지 못하고 고결한 충성을 보전하기 어렵게 되었으니 하늘도 탄식할 일이 아니겠는가. 의거한 지 한 달도 못 되어 공은 체포되어 철장 신세를 몇 번이나 지고 결국 시세 부득이하여 어쩔 수 없이 초야에서 생명을 보존했으나 실상은 공의 본의가 아니었다.

그 후 이곳에 와 살게 됨에 이곳 또한 농촌이라, 지리조건이 명산과 대천이 한계가 분명치 못하고, 인력으로 제방과 축보를 설치해 좋지 못해 해마다 짓는 농사가 한발과 홍수로 인해 풍작을 기약할 수 없음을 보고, 이에 공께서 관개 사업에 전력을 기울여 산을 뚫고 수로를 내고 근근이 물을 끌어들여 몇 해를 걸쳐 추진하니 그 노고는 말로써 다 할 수 없을 정도이다.

그러나 무심하게도 하늘은 어진 자에게 수명을 주지 않아 사업을 진행하던 중 아깝게도 세상을 떠나게 되고, 그의 아드님 원재 씨가 그의 일을 계승하여 더욱더 힘을 더했으니 옛날 공자 말씀에 삼 년을 부도(父道)에 고침이 없어야 효도라 했거늘 공은 평생에 부도를 계승했으니 참으로 효자라 할 수 있겠다.

때는 바야흐로 왜놈의 작란이 온 나라를 뒤덮고 한반도 산하가 몇 번이고 불에 탄 나머지 가위 그의 공이 한 삼태기의 흙만큼도 되지 않고 얇은 종잇장만 한 산 하나도 뚫을 힘도 없었지만 그래도 원재 씨는 오직 한 발도 물러서지 않고 끝끝내 그 사업을 완성했으니, 이 어찌 그 공을 길이 찬양하고 축하하지 않을 수 있으랴. 이 지역 주민은 그 두 분의 힘을 입지 않은 자 없도다.

저 언덕을 보라. 고양수리조합의 모체가 뉘로 말미암아 이루어졌는가. 눈을 들어 먼 들판을 보라. 수천 정보의 이 좋은 논밭을! 과연 가관이 아닌가!

아! 슬프다. 작년 섣달에 이공 원재 씨마저 세상을 떠나다니! 거룩하다. 이공 부자(父子)분이여, 이 지역 주민들은 그 뜻을 추모하기 위해 돌에 새겨 여기에 세웁니다.

단기 4283년 4월

송덕비건립위원회 윤원삼, 조익순, 맹관호, 최춘근

이들 중 윤원삼, 조익순은 이원재와 같이 행주양수장 터 1만여 평을 공동으로 사들였던 사람이다. 윤원삼은 숭실학교 졸업생으로 평남 대동군 장태동교회 장로였는데 105인 사건으로 검거되어 옥고를 치렀다. 또 1919년 3.1만세운동 때는 이승훈을 도와 평양 3·1독립운동 준비에 앞장섰다가 체포되어 징역 1년 2개월의 형을 받아 옥고를 치렀다. 또 조익순은 평양의전 출신 제1기 제1호 의사로 활동하다가 1936년경 서울에 와서 이원재를 통해 이가순의 농촌부흥운동을 알게 되어 뜻을 같이했던 친구다. 그의 딸 조창숙 교수는 건국대학교에서 가정대학장을 지냈다. 그의 아들 조창호 소위는 6·25전쟁에 참전했다가 포로가 되어 북한에 있다가 43년 만에 탈북하여 육군참모총장에게 귀환 신고를 했던 군인이다. 조창호 소위의 행적은 '돌아온 사자(死者)'라는 책으로 출판되어 많은 사람에게 감동을 주었다.

맹관호는 평양 장대현교회 장로였다. 해방 후 공산 치하가 된 북한에서 월남해 서울남대문교회 장로로 시무했다. 그는 1933년 낙동강 대홍수 때 수재민들을 위해 긴급의료팀장으로 봉사했던 남대문교회 장로인 고명우 의사(세브란스 의과대학 교수)와 같이 1950년 6·25전쟁이 터졌을 때 인민군 포로로 납북되었다. 그의 아들 맹의순은 조선신학교 재학 중에 6·25전쟁이 터져 피난길에 올랐다가 인민군으로 오해받아 거제도 포로수용소에서 수용되었다. 그는 거기서 천막으로 광야교회를 세우고 석방 기회를 마다하고 포로들에게 복음을 전하며 병든 자들을 돌보다가 순직했다.

이들은 이원재와 친분이 있었고, 지도자의 책임과 사명감을 지닌 인품의 소유자들이었다. 이들이 이원재의 죽음을 안타까워하며 6·25전쟁이 터지기 바로 전이었던 1950년 4월, 행주양수장에 이가순, 이원재 의사의 관개 운동을 칭송하는 송덕비를 세워 주었다는 것은 대단히 고마운 일이다.

*****

정경화, 정명화, 정명훈 등 정트리오의 어머니인 이원숙은 1968년에 연주차 서울에 온 5남매를 데리고 국내외 여러 인사를 초청해 이가순관개송덕비 앞에서 기념 연주회를 열었다. 많은 재물이나 어떤 부귀영화보다 세세에 빛나는 할아버지와 외삼촌이 자랑스럽게 활동했던 애국애족의 현장을 자녀들에게 직접 보여 주고 싶었기 때문이다.

허준 회장(가운데)

씨족협의회
이영찬 선생(가운데)

이가순관개송덕비 앞(기념사업회 임원)

이가순·이원재 숭모비

2008년 12월에 고양시씨족협의회(회장 한익수)는 이가순을 '자랑스러운 고양인'으로 선정하면서 실천적인 지도자의 뚜렷한 표상을 알리기 위해 이가순 부자의 생애를 조명하는 책자를 발간했다. 이 책의 주집필자는 이영찬 선생이었다. 이어서 2010년 3월에는 양곡 이가순기념사업회(대표 허준)가 창립되어 기념사업을 추진했다. 행주양수장부터 호수공원까지 '수로길 걷기 행사'를 했고, 2010년 12월 30일에 호수공원 중앙에 커다란 숭모비를 세웠다.

고양시는 처음에 호수공원에 기념비를 설치하는 것을 반대했었다. 하지만 기념사업회 측에서 황무지였던 1,130만여 평의 땅이 옥토로 바뀌어 고양수리조합(한국농어촌공사)을 이루었고, 그 가운데 250만여 평이 일산 신도시 개발 당시 시에 수용되었으며, 그중 30여만 평은 호수공원에 포함되었다는 사실을 생각하면 고작 20평에 불과한 숭모비 터조차 할애할 수 없다는 것은 불합리하다고 주장했다. 그러면서 호수공원에 숭모비 터를 내어주지 않으면 숭모비를 고양시청 광장에다 세우겠다고 밀어붙여서 마침내 호수공원 중심부에 세워지게 되었다.

지금까지 이원재의 실제 공적은 베일에 가려져 있었는데 기념사업회가 일산호수공원에 기념비를 세우면서 비로소 빛을 보게 되었다. 이 가순 부자(父子) 덕분에 백석농장의 열매를 먹으며 가난에서 벗어난 고양 농민들은 감사의 마음을 모아 빗돌을 구하고 은덕을 비에 새겨 이들 부자의 고귀한 생애를 기렸다. 허준 의장, 이은만 향토문화원 원장, 유재덕 회장과 필자가 애를 많이 썼다. 표제 큰 글자는 노천 조갑녀 여사가 써 주었다.

두 부자가 백성을 생각하는 마음은 하늘 같아서 작은 빗돌에 모두 담아내기에는 너무 부족하지만, 그들의 업적은 고스란히 역사의 교훈이요 삶의 이정표가 되어 국민의 마음속에 메아리치고, 그 은혜의 물길은 드넓은 논밭을 적시고 우리 마음에까지 흘러넘쳐 우리의 미래 세대들에게 행복의 물줄기가 되리라는 희망을 이 비에 소복이 담았다.

이가순기념사업회에서는 기념비 건립 외에도 법적 기준을 충족하는 주민동의를 받아 행주양수장에서 삼성당에 이르는 수로 옆 농로를 '양곡길'로 개명했다.

빗돌 앞

양곡 이가순을 기리며

양곡陽谷 이가순李可順(1867~1943)

이가순 선생은 1867년 전주이씨 익양군파 12세손 종성(宗成)과 어머니 해주오씨(海州吳氏)의 큰아들로 황해도 해주에서 태어났다.

청년 시절부터 만주와 연해주를 오가며 독립운동을 한 선생은 1919년 원산감리교회 장로 시절 "조국을 위해 죽기를 각오하라"는 말로 동지들을 격려하며 3.1만세운동을 주도하고 원산에 대성학교와 신간회 지회를 세웠다.

일본의 군국주의정책이 날로 심해지자 민족의 경제적 자립운동에 남은 생을 바치기로 결심하고 1934년 고양 능곡으로 왔다. 당시 이곳은 한강 물이 수시로 흘러넘치고 가뭄 피해 또한 커서 버려진 땅과 같았다. 이를 가슴 아프게 여긴 선생은 의사였던 큰아들 원재의 도움으로 한강 물을 끌어 올리는 양수장을 세우고 수로를 만들어 이 지역 농민들이 잘살 수 있는 기반을 만들었다.

1943년 그토록 기다리던 해방을 앞두고 선생은 세상을 떠나셨다. 해방 후 그의 영전에는 건국훈장 애족장이 수여되었고, 대전 현충원에 안장됐다. 아들 원재는 선생의 뜻을 이어 전 재산을 투자해 고양수리조합을 완성했고 훗날 이를 국가에 헌납했으니 이 얼마나 아름답고 훌륭한 삶인가!

선생의 후손들은 사회 각 분야에서 크게 기여하고 있다. 특히 둘째 딸 원숙의 자녀 정명화, 경화, 명훈은 세계적인 음악가로 이름을 빛내고 있다.

선생이 세상을 떠난 지 어느새 67년, 그 마음 깃든 들녘 물길은 오늘도 유유히 흐르고 선생에 대한 고마움과 그리움은 더욱 깊어지매, 여기 고양 사람들이 그를 생각하는 마음을 빗돌에 새겨 오래도록 기리고자 한다.

허준 짓고 노천 조갑녀 큰 글자 쓰다

2010년 12월
양곡 이가순숭모사업회

빗돌 뒤

의사醫師 이원재李元載(1886-1950)

이가순李可順의 맏아들로 1886년 5월 황해도 해주에서 태어났다. 어린
시절 아버지가 독립운동을 위해 만주로 떠난 뒤, 가난과 굶주림 속에 어
머니를 여의었고 스스로 학비를 벌어가며 세브란스의전을 졸업하고 의
사가 되었다. 1913년 독립운동가 노백린 장군의 딸 숙경과 결혼한 그는
세상을 떠날 때까지 민중의 아픔을 돌보는 의사이자 열정적인 독립운동
가요, 사회사업가의 길을 걸었다. 만주 고려병원과 강릉 관동병원을 운
영하며 독립자금을 지원하는 한편, 신간회 강릉지회를 조직해 활발하게
독립운동을 했다.

1934년부터 고양 능곡에 금강병원을 세우고 말을 타고 다니며 병든
사람을 치료하고, 자신의 재산을 투자해 아버지와 함께 양수장을 만들
고 수로를 조성했다. 1943년 부친이 세상을 떠난 뒤에는 막대한 재산을
투자해 고양수리조합을 만들었고 나중에 이것을 국가에 헌납했다.

1950년 2월 6일, 64세로 세상을 떠나자 그의 고양 군민장 영결식에는
그를 애도하는 만장의 물결이 오리 길이나 이어졌다.

늘 '사랑을 베풀며 바르게 살라'던 이원재. 민중을 위한 그의 따뜻한
손길과 그가 만든 물길은 농토의 젖줄로 남아 여전히 우리 속에 살아 있
다. 몇 마디 글로 어찌 그를 다 말할 수 있을까마는 그를 잊지 못하는 고

양사람들이 부친 이가순을 기리는 빗돌에 존경과 감사의 마음을 함께 새긴다.

2010년 12월

양곡 이가순숭모사업회

VI

회상

회고담

의사 이원재는 능곡초등학교가 화재로 전소되었을 때 백석농장을 팔아 복구비용으로 헌납했고 장손 동훈의 애통한 죽음을 기념해 능곡 감리교회를 세웠으나 자녀들에게 물려줄 몫은 남겨두지 않았다. 다만 민족의 미래를 위해 자녀교육에는 소홀함이 없었다.

백석농장이라는 뿌리에서 줄기와 가지가 뻗어 나와 고양수리조합이라는 열매를 맺었으나 훗날 수리조합의 모든 재산은 국가에 헌납되었고 자손들은 그 열매를 전혀 소유하지 못했다.

2011년 3월 21일 이가순기념사업회는 창립 1주년을 맞아 고양시 원로들과 회고담을 나누는 자리를 마련했다.

이날 참석한 이는 허준(상임대표)를 비롯해 이인영(이원재의 딸), 이종훈(이가순 손자), 신기식(목사, 사무국장), 김득한(총무), 이갑룡(지도면장), 이중구(시의회의원), 이봉운(감사), 이영아(고양신문 대표), 성철용(자문위원), 허영(자문위원), 이상복(능곡초교 3회), 김석근(장로, 삼성당 능곡감리교회), 안길연(농어촌고양지사장), 김용호(농어촌공사 팀장), 정기환(행주양수장 직원), 박관원(배다리막걸리박물관 관장), 신기범, 한정석, 이영재, 이영현, 김낙봉, 김태근, 유병덕, 한수녕 위원 등이었다. 자연스러운 분위기에서 허준 대표가 진행하고 신기식 목사가 기록을 맡았다.

원로들 대부분은 어린 시절 수리 간척 지역에서 살았던 이들로 이가순, 이원재의 행적을 잘 알고 있어서 그 시절을 떠올리며 자연스럽게 말 보따리를 풀어 놓았다. 특히 이인영 여사의 증언과 더불어 이가순의 수리 간척 사업 구상, 백마 탄 의사 이원재의 농촌 진료, 황무지 간척과 수리조합의 운영, 농민들의 농지 소유, 독립군 군자금 전달 등 다시는 재현할 수 없는 이야기를 이 자리에서 생생하게 들을 수 있었다.

허준(고양시의회 의장)

삼성당 사람 한용남은 힘이 장사로 이가순의 신뢰를 받는 사람이었다. 그는 당시 요시찰인물이었던 이가순의 지시에 따라 두 차례나 심부름을 갔다. 그가 금덩어리를 배낭에 넣어 짊어지고 강원도 금강산 유점사 뒷산에 가서 태평가를 불렀더니 절에 있는 불상 뒤에서 사람이 나왔다. 그 사람은 이가순의 원산 시절 함께했던 애국지사였다. 이가순이 그를 통해 금덩이를 상해 임시정부에 독립자금으로 전달한 것이었다.

해방 후 1947년경, 능곡초등학교 6학년 담임인 강모 교사는 용공분자였다. 그가 북한의 지령을 받아 교실에 불을 질러 학교가 모조리

불에 타는 일이 있었다. 그때 학생들은 삼성당교회와 마을회관 등에 흩어져서 수업을 받았다. 이원재는 이때도 백석농장을 매각해 화재복구비를 헌납했다.

어릴 적에 주민들이 이원재 의사에게 엎드려 절하며 사례하고 싶을 정도로 고마운 분들이라고 했었다. 외삼촌 최수선이 능곡초등학교 화재 복구공사를 했는데 처음에는 공사비를 못 받아서 어려움을 겪었다고 했다.

이가순이 시작한 수리사업의 결과로 고양 일산쌀, 송포쌀이 유명해졌다. 지도면 사람들보다 일산, 송포 농민들이 혜택을 더 많이 받았다. 송포 지역 농민들은 평균 150마지기가 넘는 농토를 소유하게 되었다. 우 모 씨는 10만 평이나 되는 농토의 주인이 됐다. 내가 시의회 의장을 할 때 주변에서 이가순 부자의 공적을 기리는 사업을 하라는 말을 많이 했는데, 그때 못한 것이 늘 죄송하다.

이종훈(이가순 손자)

한용남에게서 "자네 할아버지 덕택에 독립자금 심부름도 하고 금강산 구경도 잘 했네"라는 이야기를 들었다.

김석근(능곡감리교회 장로)

삼성당이라는 마을에서 어린 시절부터 능곡감리교회를 다니며 장로로 신앙생활을 했다. 동훈이 의과대학 졸업반 때 갑자기 죽자 그의 어머니가 지금의 교회 자리 300평을 바쳐서 삼성당교회가 세워졌다. 그 뒤 교회 주변에 있는 과수원도 교회 터가 되었다.

이상복(능곡초등학교 3회 졸업)

이원재 의사가 삼성당에 있는 조선 기와집에 병원을 차리고 지도면 전 지역을 백마 타고 다니면서 정성껏 방문 진료를 했던 일이 기억난 다. 이원재의 두 아들 동훈과 승훈이 축구를 좋아했다. 둘 다 세브란스 의과대학에서 공부했다.

이갑룡(지도면장)

삼성당의 야산을 개간해서 과수원을 만들고, 행주양수장 시설에 거 금 48만 원을 투자해서 야산에 터널을 뚫어 수로를 만드는 힘든 공사 를 했다. 초기에는 6명의 직원이 계속해서 물을 부어 넣어야 할 정도 로, 50마력밖에 안 되는 수냉식 발동기 4대를 설치해서 양수했다. 그 러다가 1972년에 와서야 비로소 현대식 양수장으로 개조해 800마력 의 발동기 8대를 설치했다.

처음에는 수리사업구역이 약 10만 평이었는데 점차 신평리, 대화리, 송포리 지역으로 확대되었다. 김포 북녘 펄, 한강 변 갈대밭, 피밭 등이 논밭으로 간척되어 고양 농민들의 생활터전이 되었다.

박관원(배다리막걸리박물관 관장)

삼성당은 한 덩어리 산으로 되어 있는 마을이었다. 그런데 가운데 좁을 길(현재는 큰 자동차길)을 내어 두 개의 동산이 되었다. 오른쪽 동산 위에는 집이 있었고, 왼쪽 동산에는 과수원이 있었다. 이가순은 과수원을 만든 뒤 양쪽을 오르내리는 게 어려워서 양쪽 동산을 연결하는 구름다리도 만들었다. 이가순의 생각은 늘 창의적이고 특별했다.

노백린 장군의 가족과 친구들(1907년경)
위 왼쪽부터 일본육사 동기 이갑, 김필순 의사, 노백린, 유동렬, 이동휘(임정 총리)
중간 왼쪽부터 김마리아, 김미령(김필순 부인), 노숙경, 김필례(다섯 번째), 유각경 자매, 현문경
아래 왼쪽 네 번째부터 노순경, 노선경(사진 제공 정신여자고등학교)

우리 집 이야기

이인영(이원재의 차녀)

* 이인영 여사는 2021년 2월 6일에 98세의 나이로 별세했다. 지난 10년간 노구를 끌고 매년 4월 7일 자손을 대동하고 통수식(고유제)에 빠짐없이 참석했다. 기념사업회 모임에 오실 때면 기억력이 비상해서 가족사를 훤히 꿰며 정확하게 구술하곤 했다. 고양시씨족협의회가 발간한 「이가순 선생의 생애 조명」에 있는 이인영 여사의 '우리 집 이야기'를 옮겨본다.

"우리는 전주이씨 성종대왕의 제8자인 익양군의 후손이다. 조부 이가순은 늘 종친회에 나가서 족보를 만드셨는데 6·25전쟁 때 소실되었다. 아버지 이원재는 황해도 해주가 고향이다(조선 시대에 외척을 피해 이주했다. 선산도 해주 근교 방아다리라는 마을에 있다). 아버지는 어릴 때 조부 이가순이 두 아들을 자신의 동생에게 맡기고 독립운동을 위해 고향을 떠나 만주로 간 뒤 할머니는 곤궁한 가운데 어린 아들들을 두고 돌아가셨다. 아버지는 소년 시절 서울로 올라가서 세브란스의전을 고학으로 다녔고, 제4회로 졸업한 뒤 의사 국가고시에 합격해 의사가 되었다. 1913년 8월에는 어머니 노숙경과 결혼했고, 원산구세병원 의사로 부임했다.

어머니는 황해도 송화군 풍천에서 출생했는데, 임시정부 군무총장과 국무총리를 지내신 노백린 장군의 큰딸이다. 어릴 때 고향인 풍천 장터에서 미국 선교사의 설교를 듣고 어린 마음에 예수를 믿겠다고 굳게 결심했다고 한다. 당시 어머니는 외할머니의 병고를 걱정하고 있었는데 그곳에서 누구든지 예수 믿으면 천당에서 다시 만난다는 복음을 들었기 때문이다. 어머니는 정신여학교를 졸업한 뒤 목포 정명학교에서 2년간 교사로 봉직했다.

외할아버지는 조실부모하여 두 형님 밑에서 컸는데, 혼자서 한학을 통달하신 분이다. 조선 말기 신식 군대의 필요에 따라 각 도에서 한 명씩 일본 유학생을 선발했는데, 그때 외할아버지가 황해도 대표로 선발되어 1885년~1900년까지 일본 경응대학 고등부에서 공부했다. 그리고 일본 육군사관학교를 졸업한 뒤 대한무관학교장을 지냈다. 군대가 해산되고 1910년 경술국치가 되자 일제의 하사금을 거절하고 고향으로 내려가서 서원을 허물고 학교를 설립해 교육사업을 시작했다. 그러다가 다시 서울로 올라와 동지들과 사업을 하다가 1915년경 일본 경찰의 눈을 피해 망명길에 올랐다. 외할아버지는 떠나기 전에 원산에 들러 사위와 따님, 갓 태어난 손녀(인철)를 보셨고, 외삼촌(선경)과 이모(순경)를 맡기셨다. 그 당시 아주 귀했던 의사 사위를 믿고 안심하고 떠나실 수 있었다.

아버지는 아들들에게는 항렬을 따라 동훈(東薰), 승훈(承薰)으로, 딸들에게는 어질 인(仁) 자를 써서 인철, 인영, 인옥, 인순이라는 이름을 지어 주셨다. 그것을 나는 감사하게 생각한다.

그 뒤에 아버지는 장인어른과의 약속대로 큰 외삼촌(선경)은 치과 전문의의 길을 걷도록 했고, 정신여학교를 졸업한 이모(순경)를 아버지의

218

후배인 박정욱 의사와 짝지어 주었다.

외할아버지가 귀국한 뒤 서울로 이사했는데 고향에서 자녀들과 조카들을 서울로 불러들여 남자는 경신학교, 여자는 정신여학교에서 공부하게 했다. 외할머니는 이모를 출산한 뒤에 세상을 떠나셨다.

〈외조부님 노백린 장군에 대하여〉

외할아버지는 군인 출신이지만 교제가 넓은 분이었다. 이 사진을 집에 묻어 둘 것이 아니라는 역사적 사명 아래 조선일보, 동아일보, 한국일보, KBS, 역사학 교수 등에게 전달했다. 정신여학교 기념관에는 크게 게재되어 있다.*

우리 아버지는 원산구세병원 근무 시, 환자를 진료하다가 손에 난 상처를 통해 병균에 감염되어 고열로 사경을 헤매다가 서울 세브란스병원에서 사망선고를 받았다. 남대문장로교회와 어머니가 다니던 연동장로교회에서는 합동으로 철야기도에 힘썼다. 당시는 의사가 귀할 때였는데 아버지는 기도가 계속되는 가운데 하루아침에 핏덩어리를 토하더니 열이 내리고 회복되었다. 그때 기독교를 깊이 체험한 조부님은 그날로 담뱃대를 꺾었다. 원산에서 재혼하신 할머니는 원래 천도교인이었다. 하지만 지혜로운 분이어서 한 집안에 두 종교는 용납되지

---

* 　김필순 의사는 광산김씨로 김마리아, 김미렴 자매의 작은 아버지, 김규식 박사 부인 김순애 여사, 정신여학교 김필례 교장의 오빠다. 김마리아는 애국부인회 회장이며 3.1운동 때 독립운동가다

않는다며 아들, 며느리와 함께 교회에 다니면서 평생 신앙생활을 하다가 돌아가셨다. 큰고모 이인숙, 작은고모 이원숙이 같이 살았다.

아버지는 1916년 흑룡강성 하얼빈시 중국인 거리에서 고려병원을 개업하고 8년간 의료 활동을 했다. 그동안 아버지의 동서 박정욱 의사가 하얼빈으로 와서 같이 진료활동을 하며 조부와 외조부의 독립운동을 지원했다. 1917년에는 장남 동훈 오빠가 태어났다. 아버지는 당시 교포 민회 회장으로 활동하면서 감리교회를 설립했다. 병원이 번창해 당시 통용되던 은전을 큰 항아리에 담아 묻어 두곤 했는데 이 병원이 노백린 장군의 따님 집이라는 것을 알고 한밤중에 독립군이 들어와서 군자금을 요청하기도 했다. 원래 아버지는 독립운동을 하는 장인을 존경했고 애국심과 동정심이 강해서 그런 요청에도 아낌없는 지원을 했다. 부모님은 송화강의 추억, 백계 러시아인들의 문화와 생활 모습에 관한 이야기를 들려주셨고, 교회 안에서도 그리스도의 사랑, 성도의 교제, 동포애를 실천하며 사셨다.

우리 할아버지 이가순은 원산에서 3·1만세운동의 주모자로 체포되어 함흥감옥에 투옥되어 재판을 받았다. 그리고 돌아가시고도 한참 뒤인 1990년에야 애족장을 받고 대전 현충원에 안장되었다. 아버지 이원재는 고향 해주에서 선산을 개축했고 땅도 장만했으나 건강이 좋지 않아서 산 좋고 물 좋은 강릉 임당동으로 이주해 관동병원을 개업했고, 강릉중앙교회 장로로서 유치원 원장으로도 시무했다. 하나님의 축복으로 가는 곳마다 병원이 잘됐다. 아버지가 양심적이고 동정심이 많아 환자들을 도와가며 진료했고 강릉에서 지낸 8년 동안 나와 언니, 동생까지 세 딸을 얻었다.

어머니는 34세의 한창나이에 강릉으로 이주해 황금기를 보냈는데, 산자수명(山紫水明)하고 인심 소박한 환경에서 6남매를 건강하게 키우면서 문전옥답을 장만했다. 또 교회에서 하는 큰 행사는 우리 집에서 도맡아 했다. 소작인들의 가정을 전도하며 한글을 깨우치고 생활개선이나 위생법, 요리 강습 등을 하기도 했다. 또 어머니가 당시 아버지를 도와서 강릉에서 받아준 아기가 백 명이 넘었다.

아버지는 취미로 일본에서 과목, 화초의 묘목을 가져다가 병원 옆에 꽃동산을 꾸몄다. 뒷마당에는 과수원을 만들어서 어릴 때는 하늘을 쳐다보면 포도나무가 보였고, 아래를 내려다보면 딸기밭이 있었다. 또 옆에는 앵두나무, 감나무가 줄지어 서 있었고 중앙에는 사과, 배, 복숭아 나무들이 있어서 강릉에서 태어난 세 자매는 일 년 내내 탐스러운 과일 속에 머리를 파묻고 살았다.

자연을 사랑했던 아버지는 외금강에 방갈로를 지어 자녀들에게 자연 사랑을 가르쳤다. 여고 3학년 여름에 아버지가 우리 세 자매를 데리고 경원선을 타고 가다가 철원에서 전기철도로 갈아타고 내금강역에 간 적이 있었다. 역사가 순 한국식으로 되어 있어서 단청이 무척 아름다웠고 풍경 소리가 났던 기억이 새롭다.

하루는 아버지가 가방을 메고 비로봉을 넘어 외금강에 계시는 조부님을 찾아간 일이 있었는데 돌아올 때는 가방 한가득 빨간 복숭아를 갖고 왔다. 아버지는 내 나이 26세에 세상을 떠나셨으니 좋은 음식 한 번 대접하지 못했던 것이 너무나 아쉽다. 나중에야 알게 된 일이지만 내금강 피서 중에 아버지가 가방을 메고 비로봉을 넘어 할아버지를 만나러 간 것은 그곳에서 비밀리에 독립자금을 전달하기 위한 것이었다. 할아버지는 아버지에게 받은 군자금을 다시 밀사를 통해 상해로 보냈다.

어머니는 93세까지 사셨는데, 내가 해마다 동창들을 모시고 생일잔치를 해 드렸다. 장미꽃이 만발한 5월 동교동 근처 외국인 묘지에 있는 정신 세브란스 선생님의 묘소에 장미꽃을 가지고 가서 찾아뵙던 일이 기억에 남는다.

아버지는 정규 교육을 받지 않았는데도 음악에 소질이 있어서 우리가 어릴 때 딸들에게는 피아노를, 아들에게는 바이올린 초급 과정을 손수 가르쳤다. 네 딸 중 언니는 피아노를 전공해서 어릴 때부터 학교와 교회에서 반주를 맡아 했다. 이화전문 음악과를 졸업한 뒤에는 동래 일신여고에서 교사생활도 하신 분으로 46세에 세상을 떠날 때까지 종로 혜명교회의 권사이자 반주자로 지냈다.

두 고모님(이인숙, 이원숙)이 결혼하자마자 피아노를 사 놓고 아이들에게 가르친 것은 우리 아버지의 영향인 것 같다. 여의사였던 인숙 고모 댁의 세 딸 이종효, 이종숙, 이종영은 피아노, 바이올린, 첼로를 전공했다. 원숙 고모 댁의 정명훈, 정명화, 정경화도 피아노, 첼로, 바이올린을 전공해 세계적인 음악가(정 트리오) 집안이 되었다.

그 당시 강릉에는 중등교육기관이 없었다. 아버지가 강릉에서 서울로 이사하기로 한 것도 자녀들의 진학 때문이었다. 아버지는 우리만이 아니라 큰고모, 작은고모의 대학공부를 뒷바라지한 뒤 결혼도 시켰다. 일평생을 할아버지와 장인이신 노백린 장군의 독립운동을 도우셨고 말년에는 능곡에서 수리사업을 해서 농민들을 구제하셨다.

〈어머니 노숙경에 대한 추억〉

큰딸로서 어머니가 상해에 계신 외조부를 찾아뵌 것은 한 편의 드라마였다. 외할아버지는 1915년 망명길에 올라 먼저 하와이에서 국민군단을 돌보셨다. 그 뒤 앞으로는 공군 시대라는 신념 아래 미국 캘리포니아 윌로스에서 교포 지도자의 후원 아래 비행학교를 설립해 자리 잡은 뒤에 다시 상해로 갔다. 당시 우리 국민이 반지와 비녀를 모았고, 하와이 농업 이민자, 사업가들이 독립자금을 임시정부에 보냈다. 그러나 점점 일본 경찰의 감시가 심해져서 임시정부의 경제가 어려워졌고 외할아버지의 병환이 위중하다는 소식을 듣고 어머니는 6개월 된 나를 업고 상해에 가기로 마음먹었다. 하얼빈에서 살았던 경험으로 중국 여인으로 변장해서 무사히 국경을 넘었고, 북경에서 기차를 타고 상해에 도착했다. 막상 도착해 보니 외할아버지의 병환이 생각보다 깊은 데다 정신까지 혼미해서 의사의 진단으로는 회복이 어렵다고 했다. 어머니는 외조부 곁에서 얼마간 머물며 침대를 사드리고 몸에 감아서 가져간 돈을 모두 생활비로 드리고 돌아왔다. 올 때는 당당하게 일본 배를 타고 인천에 도착했는데 곧바로 일본 경찰에 체포되어 심사를 받았다.

다행히 외할아버지 친구분의 도움으로 풀려나와 무사히 강릉으로 돌아올 수 있었다.

내가 35살에 과연 우리 어머니처럼 행동할 수 있었을까? 나는 도저히 그렇게 못 했을 것 같다. 외조부는 일 년 뒤인 1926년에 상해에서 홀로 쓸쓸히 세상을 떠나셨다. 조선일보, 동아일보에 비보 기사가 실렸다. 장례식은 임시정부 장으로 치러졌다. 서울에서도 추도식을 준비했지만 일본 경찰이 못 하게 방해했다.

아버지는 서울 공덕동으로 이주해 왔을 때는 초가집 6채를 사서 2층 양옥집을 건축했고 금강병원을 개원했다. 그리고 고향 해주와 강릉에 논밭이 많으니 앞으로는 구제사업을 하겠다는 큰 뜻을 품었다. 세브란스의과대학 시절, 선교사들의 후원으로 의학 공부를 할 수 있었던 것에 감사해서 그 은혜에 보답하려는 마음이었다. 공덕동으로 이사온 뒤 인철 언니는 이화전문음악과에 입학했고, 큰오빠는 세브란스의전에 입학했으며, 작은 오빠는 배재학교를 거쳐 세브란스의전에, 인영과 인옥은 경기여고에, 인순은 이화여고에 차례로 입학했다. 그리고 세 딸은 차례로 이화대학 가정대학, 약학대학에 진학했다. 온 가족은 동덕감리교회에 출석했다.

아버지는 해주와 강릉의 농토를 팔고 고양군 능곡에 농토를 사들여 백석농장을 만들었다. 이모부인 박정욱 의사에게 금강병원을 대신 운영해 달라고 맡겨놓고 능곡 삼성당의 기와집에 금강병원을 개설해 가난한 농민들을 위해 백마를 타고 다니며 헌신적으로 의료사업을 했다,

능곡 삼성당 이가순 옛집 마당(현 수녀원)

특히 산모를 진료하러 갈 때는 어머니와 함께 미역과 쌀을 챙겨 가서 전달했다.

한강 변 농민들은 대부분 소작인이었다. 게다가 한강 물은 유유히 흐르다가도 장마 때면 홍수가 나서 농사를 망쳤고, 가뭄이 들면 흉년이 들어서 사는 형편이 말이 아니었다. 농사라야 콩, 수수, 옥수수를 심는 게 전부였다. 그러나 머리 좋으신 우리 할아버지가 한강 물을 이용하는 수리·관개·간척사업을 실천해서 수리조합을 설립한 결과로 농수로가 만들어졌고, 소작인들에게 농토가 생기면서 생활이 나아졌다. 아버지는 병원 수입의 절반은 수리사업에, 나머지 절반은 농지간척사업에 쓰면서 할아버지를 도왔다.

할아버지가 삼성당에 와서 살 때는 감시 대상 인물로 찍혀 있어서 출입이 순조롭지 않았다. 십 리보다 멀리 나갈 때는 신고를 해야 했다. 할아버지는 삼성당 언덕 위에 집과 창고를 만들어 농장 수확물을 쌓아 두었고, 매년 농사를 지었다. 일제는 태평양전쟁을 일으키고 군량미 조달을 위해 공출을 강요했다. 하지만 뜻대로 걷어 들이기가 쉽지 않자 경찰을 동원해 가가호호를 찾아다니며 양곡을 공출했다. 그러자 우리 할아버지가 눈을 부릅뜨고 "우리 백성이 먹을 양식이라 공출에 응할 수 없다" 하면서 호통을 쳐서 경찰을 돌려보냈다.

고양수리조합은 아버지가 조합장으로 일하다가 해방 후에 국가에 헌납했다. 고양시 농어촌공사 행주양수장 뜰에는 이가순관개송덕비가 세워져 있다. 앞면은 아이디어를 낸 할아버지 이름이, 뒷면에는 순한문으로 할아버지와 아버지의 업적이 기록되어 있다.

큰오빠(동훈)가 불행하게도 세브란스의전 졸업반 때 사망하자 어머니가 소유지 3백 평을 헌납해 이동훈 기념 초가교회가 세워졌고 오늘날 능곡감리교회가 되었다. 아버지는 능곡보통학교에 불이 나 학교가 모두 불에 타버렸을 때 복구비용으로 쓰라고 우리 농토를 기증했다. 나는 우리 어머니 덕분에 친정이나 시댁 식구들, 친족들에게 기독교 신앙과 복음을 전하게 된 것에 감사한다. 어머니가 한 알의 밀알로 헌신하신 결과라고 생각한다. 작은 오빠 승훈은 세브란스의과대학을 졸업하고 외과의가 되어 6·25전쟁 때는 군의관으로 활동했다.

서울 국립묘지 임정 묘역에는 외할아버지 노백린 장군이, 애국지사 묘역에는 노태준 작은 외숙이 안장되어 있다. 또 대전 현충원에는 이가순 할아버지와 큰외숙 노선경, 이모 노순경이 안장되어 있다.

어머니는 슬하에 2남 4녀와, 손자녀 21명을 두셨고, 증손자녀는 28명이다. 어머니는 교회 권사로서 성경공부를 가르치고 속회를 인도했고, 여선교회 회장으로서 전국대회 대표로도 참석했다. 또 신학생의 학비를 지원했고, 목사님을 잘 섬겼으며, 교회 잔치를 도맡아 하면서 현모양처로서 많은 사람의 존경을 받으셨다.

아버지는 6·25전쟁이 터지기 전인 2월 초에 능곡에서 소천하셔서 고양군 사회장으로 장례를 치르고 망우리 공동묘지에 모셨다. 그리고 1982년에 어머니가 93세로 돌아가셨을 때 일산 기독교 묘지에 합장했다. 6·25전쟁이 터지기 직전인 5월에는 어머니 회갑연을 해야 했는데 아버지 상중이어서 가족들이 모두 공덕동 집에 모여서 조용히 치렀다.

6·25전쟁이 터지고 나서 서울수복 시절, 백석농장에 방이 셋 달린 집이 있어서 임시 피난처로 이용하려고 했으나 오히려 소작인이 "지금이 어느 때인데 니 집 내 집 따지느냐?"면서 거절했다. 하는 수 없이 걸어서 수색을 거쳐 북한산 기슭에까지 가서 거기 있는 헛간을 빌려 피난 생활을 했다. 3개월쯤 지나 백석농장에 돌아와 보니 과수나무가 모두 뽑힌 채로 폐허가 되어 있었다.

2001년 4월

후손의 열매

 이가순은 큰아들에게 너무나 큰 짐을 지운 것 같아 늘 미안한 마음이었다. 독립운동을 한답시고 아들 결혼식에도 참석하지 못했는데 아들 이원재 의사는 묵묵히 모든 책임을 감당해 주었다. 한 번도 아버지 말씀을 거스른 적이 없었고 두 여동생과 자녀 6남매, 그리고 처가 동생들까지도 살뜰히 보살폈다. 가정사뿐 아니라 아버지와 장인의 독립운동도 조용히 뒷받침했다. 또 말년에 아버지 이가순이 수리·간척사업을 구상했을 때도 그동안 모아 놓은 전답과 재물을 그 일을 실현하는 데 쓰라고 내어놓았다.

 이가순 부자(父子)의 일평생에 걸친 애국 애민의 삶은 정말 특별하다. 두 사람의 행적에 부합하는 평가를 하자면 수없이 많은 찬사가 나올 수밖에 없다. 그만큼 그들의 삶이 빈틈없이 알찼기 때문이다.

 우선, 그들은 미국 선교사들의 사랑에 보답하듯 교회 생활에 충실했다. 한평생 겸손하고 성실한 애국애족의 삶을 살았던 것은, 그들에게 하나님 은혜에 보답하고 헌신하려는 믿음이 없었다면 불가능했을 것이다.

둘째, 이가순과 노백린 두 집안은 온 가족이 독립운동을 했다. 이원재는 노백린 장군의 사위로서 원산구세병원에서 의사 생활을 시작해서 만주 하얼빈에서 고려병원, 강릉 관동병원, 서울 공덕의 금강병원 등을 운영하면서 독립군의 군자금을 지원했다. 아버지의 권유로 독립운동, 병원설립, 자녀교육, 농촌경제 부흥 운동이라는 목표를 가지고 원산, 하얼빈, 강릉, 고양군으로 이주했다. 돈이나 권력이나 명예를 따른 것이 아니었다. 어디서나 민족을 위한 일에 먼저 솔선했다.

셋째, 이가순 부자(父子)는 자녀를 훌륭하게 키운 가장으로서도 칭송받을 만하다. 자녀교육에 최선을 다했고 훌륭한 후손들을 길러내어 명문가를 이루었다. 이원재는 자손들에게 재산을 한 푼도 물려주지 않고 해방된 국가(현 한국농어촌공사)에 헌납했다. 자녀들에게는 그저 교육의 기회를 주었을 뿐이다. 정식 음악교육은 받지 않았어도 음악에 소질이 있어서 어린 딸들에게는 피아노를, 아들에게는 바이올린 초보를 손수 가르쳤다. 여동생 인숙, 원숙은 이원재보다 나이가 각각 25세, 32세나 어렸다. 그래서 이원재는 서울 공덕동으로 이사 오고 나서 여동생들을 대학교육과 결혼까지 시켜주었다. 여동생들은 오빠가 딸들에게 피아노와 바이올린을 가르치는 것을 보고 자랐다. 그래서인지 인숙과 원숙도 결혼한 뒤 피아노를 사 놓고 자녀들을 가르쳤다.

인숙은 원산여고를 졸업하고 의학 강습소에서 공부했다. 여러 번 시

이원숙 막내 명규의 돌잔치 가족사진
뒷줄 왼쪽부터 명화, 명근, 명소
앞줄 왼쪽부터 경화, 이원숙, 명규, 명철,
정준채, 명훈

2004, 정트리오 서울공연

도한 끝에 의사고시에 합격해 여의사가 되어 개성에서 병원을 운영했다. 1952년에 강원도 경찰국장이 된 이범구 씨와 결혼해서 6남매를 두었다. 세 딸 종효, 종숙, 종영은 각각 피아노, 바이올린, 첼로를 전공했다.

원숙은 이화여전 가사과를 졸업하고 동덕여고에서 교사생활을 했다. 23살에 부모님과 언니의 주선으로 능곡 삼성당 출신으로 일본 메이지대학 법대 유학생인 정준채와 결혼해서 일곱 자녀를 낳았다. 안타깝게도 6·25전쟁 중에 어린 두 아들을 체증(滯症, 관격)과 뇌막염으로 잃었다. 하지만 다시 두 아들(명훈, 명규)을 잉태해 일곱 자녀를 키웠고 모두 미국유학을 보냈다. 그녀에겐 어머니로서 자녀를 낳고 교육하는 데 일제강점기, 태평양전쟁, 6·25전쟁조차 장애가 되지 못했다.

첫딸 명소는 미국 줄리아드 음대에서 플루트를 전공한 뒤 워싱턴대학교에서 합창지휘로 박사과정을 마치고 합창단 지휘자가 되었고, 신학대학을 졸업한 뒤 교수와 카운슬러로 활약했다. 아들 명근은 MIT 공과대학을 졸업하고 어머니와 같이 한국과 미국에서 사업을 하며 동생들의 학업을 도왔다. 명철은 연세대학교를 졸업하고 미국에서 경영학박사 학위를 받고 주립대학 교수가 되었다.

명화는 첼로, 경화는 바이올린, 명훈은 피아노를 전공하고 '정트리오'라는 세계적인 음악가로 명성을 떨쳤다. 막내 명규는 워싱턴대 의대를 졸업하고 의사가 되었다. 모두 이가순의 외손주들이다.

이원숙은 이렇듯 일곱 자녀의 교육을 위해 한국과 미국에서 참기름

이원숙 자서전

정트리오 연주

장사, 보따리 장사, 식당운영, 무역사업 등 안 해 본 일이 없었다. 훗날 '새싹회 어머니상', '자랑스러운 이화인 상', '국민훈장 석류장'을 받았다.

이원숙 여사의 교육관은 '사랑, 기다림, 애국심'이었다. 자녀들 스스로 소질을 찾을 때까지 기다려주고, 진로를 정하면 전폭 지지했다. 그녀는 자녀들이 꿈을 실현하는 것과 대한민국의 이름을 세계에 떨치는 것이 맞닿은 것으로 여겼다. 눈앞의 이익이나 명예에 연연하지 않고 더 큰 것, 더 먼 것을 바라보며 살아가야 한다고 생각한 것이다. 이런 정신과 열정은 어디에서 시작되었을까?

이원숙이 저술한 두 책 〈너의 꿈을 펼쳐라〉, 〈통 큰 부모가 아이를 크게 키운다〉에서 그녀는 친정아버지(이가순)와 어머니(김애화)의 교육 정신과 생활력, 애국심이 자신의 몸속에 있다고 회상했다. 원숙은 큰 일을 앞두고는 언제나 "이 일이 하나님의 뜻에 합당한가? 우리 아버님이 보시면 기뻐하실까?"를 생각했다. 그녀는 67세에는 미국에서 신학대학을 졸업하고 71세에 목사가 되어 여러 해 동안 목회 활동을 했다. 1990년에는 세화음악장학재단을 설립해 한국의 음악발전에 힘을 보태다가 2011년 93세의 나이에 소천했다.

이원재의 자손들은 모두 대학교육을 받았다. 그는 망국의 한을 자녀교육의 열정으로 꽃피웠다. 장녀 인철은 이화여전 음악과에서 피아노를 전공했고 졸업 후에는 동래 일신여고에서 음악 교사를 했다. 이후 한평생 종로 혜명교회에서 교회반주를 했다.

두 아들은 세브란스의과대학에 입학했다. 둘째 승훈은 의대를 졸업한 뒤 의사가 되었지만 첫째 동훈이 졸업반 때 죽은 일은 부모의 가슴에 한평생 한이 되었다. 그나마 아들을 추모하며 세운 능곡감리교회가 있어서 위로를 받았다.

2녀 인영과 3녀 인옥은 이화여대 가정학과를 졸업했고, 4녀 인순은 이화여대 약학대학을 졸업했다. 인영은 한국 최초의 지질학 박사인 김옥준(연세대학교 교수)과 결혼해서 4남매를 두었다. 손자 7명은 서울, 일본, 미국에 있는 대학원을 졸업한 뒤 미국 국방성 직원, 회계사로 일하고 있고 나머지 셋은 의사로, 다른 하나는 미술인으로 활동하고 있다. 독립운동가의 후손들이 대부분 어렵고 힘들게 살아가는 경우가 많은데 이들이 이처럼 꿋꿋하게 잘살아가고 있는 것은 모두 부모의 음덕이요, 의로운 희생에 대한 하나님의 은총이니 감사하고 부러운 일이 아닐 수 없다.

넷째, 일회성 독립운동이 아니라 평생을 계속했다. 이들은 한평생 애국 애민의 정신적 지도자로서 끊임없이 애국자로서 다양한 면에서 본을 보여주었다. 따라서 이가순을 3·1독립운동가로 국한하는 것은 온전한 평가라고 할 수 없다. 3·1운동 이후에도 그는 학교를 설립하고, 노동환경을 개선하고 수해구제를 위해 앞장서면서 늘 민중과 호흡하며 살았다. 이원재도 의사로서 질병과 고통에서 신음하는 민중을 치유했고, 교회를 세우고 장로로 헌신했다. 그뿐 아니라 능곡초등학교의 화재복구비를 전적으로 지원했을 만큼 그는 이웃과 공동체를 돕는 일에 아낌이 없었다.

이들의 행적은 정치 지향적인 것이 아니었다. 오로지 민중과 미래 세대를 위한 애국심의 발로였다. 이가순은 젊은 날 열정적으로 독립운동을 하다가 66세의 나이에 아들과 같이 고양군 능곡의 삼성당마을로 이주해서 백석농장을 만들었다. 양수장 터로 1만 평의 땅을 사들여서 상속받은 재산과 평생 마련한 전 재산을 바쳐 10년 동안이나 행주양수장을 만들어 수리·간척사업을 통해 제2의 독립운동을 한 것이다. 그 덕분에 농촌경제의 자립을 실천하고 광범위하고 지속 가능한 농촌경제의 기반을 마련할 수 있었다.

일제는 농토를 강탈해 갔지만 이들 부자는 농민들에게 농토를 만들어 주었다. 수리사업으로 만들어진 물길을 따라 황무지가 옥토로 바뀌었고, 가난한 농민들의 소유가 되어 그들의 생활터전이 되어줌으로써 굶주림에서 벗어나 생활이 크게 향상되었다. 그들은 어떤 독립운동가들과도 비교할 수 없을 정도로 민중들에게 경제적인 유익을 물려주었다. 150마지기(약 4만 5천 평)의 농토를 소유하게 된 농민과 10만 평의 농토를 소유하게 된 농민도 있었다. 이승만 정부의 조봉암 초대농림부장관이 시행했던 농지개혁과 1980년대 중반 현대 정주영 회장이 이룬 서산간척사업이 연상되는 부분이다.

수리조합의 규모는 3,679헥타르(천백만 평)로 당시 고양군 농지의 절반 규모였다. 지금의 능곡 한강 변과 호수공원 중심의 신도시 지역 대부분이다. 이때 만들어진 수리조합 재산은 훗날 국가에 헌납되어 토지개량조합을 거쳐 오늘날 농어촌공사가 되었다. 이후 고양시 농협 예금 수신액은 전국 최고일 정도로 이 지역의 농촌경제가 향상되었다. 지금도 한강 물은 양곡 이가순 수로를 통해 농촌의 생명수로 흐르고 있다.

수리조합 수로

존영(尊靈)이시여!

매년 4월 7일은 이가순 선생의 기일과 가까운 날이다. 이날은 한국 농어촌공사(고양지사)의 주관으로 행주양수장 이가순관개송덕비 앞에서 한 해의 풍년을 기원하는 고유제(告由祭)를 드린 뒤 통수식을 열고 그해 첫 한강 물을 퍼 올려 용수로로 흘려보낸다. 이 행사에는 후손들, 농민들, 유림회, 농어촌공사 직원, 이가순기념사업회, 고양시장, 농촌지도소장 등이 참여한다. 농어촌공사 지사장은 조선과 일제강점기에 가난했던 농민들의 간절한 소망을 담아 이가순 존영(尊靈)에게 제문을 올린다. 삼라만상에 필요한 물과 풍성한 양식을 바라는 종교적인 행사다.

"고양시 번영의 원동력이며 고양수리조합 설립 때까지 관개사업에 많은 정성을 다하신 양곡 이가순 선생 부자(父子)분의 업적을 추모하기 위한 이 통수식에 특별히 참석하신 농업인 여러분 감사합니다. 통수식은 76년 전 고양수리조합이 출범해 풍부한 수자원을 고양지역에 공급

행주양수장 통수식(4월 7일)
왼쪽부터 이인영(이가순 손녀), 이재우(증손자), 농어촌공사 황원덕 지사장, 농촌기술센터 권지선 소장

하는 첫 출발을 기리기 위해 매년 계속해서 이 행주양수장에서 개최해
온 뜻깊은 행사입니다.

　행주양수장은 고양시 들녘의 젖줄입니다. 처음에는 전기가 없어서
50마력의 수냉식 발동기 4대로 양수하다가 1972년에 확장해 800마
력 발동기 8대를 설치했고, 1985년 이후부터는 하루 50만 톤의 농업
용수 공급능력을 갖추고 있습니다.

　오늘 통수식은 농사의 최대 관건이라 할 수 있는 물관리의 중요성을
되새기고 풍년을 기원하는 행사입니다. 고품질의 능곡쌀, 일산쌀 생산
을 지원하기 위해 본격적으로 농업용수 공급을 시작하는 것입니다.

　15킬로미터의 용수로를 통해 대장양수장, 백암양수장 등에 농업용
수를 보내면 이 물은 다시 2단 양수를 하여 총 35킬로미터의 용수로를

거쳐 고양시 일대와 파주시 교하면 산남리 일부의 들판을 적십니다.

또한, 농어촌공사에서는 연간 300만 톤의 공업용수를 일산 열병합 발전소에 공급하는 등 고양지역의 다양한 용수 공급원의 역할을 다하고 있습니다.

이를 위해 농어촌공사 고양지사 전 직원들은 완벽한 급수, 배수체계를 구축하고, 질 높은 서비스를 제공함으로써 농업인으로부터 신뢰받는 공기업으로 변화된 모습을 보여줄 것입니다. 나아가 세계화, 개방화의 물결에 슬기롭게 대응해 생명 산업인 농업을 유지하기 위해 자연재해에 대비하는 물 관리에 최선을 다하겠습니다.

바쁘신 가운데도 이가순 선생 부자(父子)의 업적을 추모하기 위해 참석해 주신 여러분께 감사드리며 가정에 항상 행운이 깃드시길 기원합니다. 이에 제문을 올리겠습니다."

"존영(尊靈)이시여!

단기 2354년 4월 7일 한국농어촌공사 고양지사장은 삼가 고합니다.

금년 농사 때를 맞아 오천여 농업인과 임직원은 통수에 앞서 양곡 이가순 선생의 관개송덕비 전에서 정성을 다하여 주과포(酒果脯)를 차려놓고 감히 고하나이다.

평생 나라를 위해 중국, 러시아 국내 등지에서 독립운동과 교육 사업을 하시고 노년에 이곳 행주벌 황무지에 오셔서 한해(旱害)와 수해(水害)의 고통 속에서 굶주리는 백성을 위하여 베푸신 위대하고 고귀한 수리·관개 시설의 창업을 하시어 농민을 잘 살게 하여 주셨습니다.

존영(尊靈)이시여!

금년 한 해 통수가 원활하고 재해 없이 풍년이 들게 도와주시옵고 농어촌공사와 농업인 가정에 평안과 행복이 깃들게 하여 주시옵소서. 민족의 염원인 통일이 되어 선친의 고향인 송화군(松禾郡) 대야리(大也里) 방아다리 마을의 선조와 후손에게도 이 소식이 전해지게 하옵소서.

우리 농업인 모두는 선생의 높은 뜻을 받들어 정성을 다하여 조합을 더욱 발전시키겠습니다. 고양시에도 화합과 사랑으로 풍요로움이 깃들게 보살펴 주시옵소서.

존영(尊靈)이시여!

삼가 정성으로 그 은혜를 보답하고자 하오니 흠향(歆饗)하시옵소서"

***

이가순은 1943년에 76세로, 아들 이원재는 1950년에 64세로 민족을 위한 실천적인 삶을 마감하고 세상을 떠났다. 고양군은 이원재의 장례를 사회장으로 성대하게 치러주었다. 상여를 따르는 만장이 오 리나 이어졌다. 이가순에게는 1990년에 건국훈장 애족장이 주어졌다.

두 부자(父子)의 애국애족의 생애는 참으로 고귀하고 경이롭다. 역사적인 작은 업적도 큰 공적으로 평가하는데, 그에 비하면 두 분의 업적은 제대로 평가받지 못하고 있다고 할 수 있다. 1935년에서 1944년까

수 여 증 명 서

제 317 호
성명 이가순　　　주민등록번호 671115-9000000
소속 삼일운동

직급(계급)　　　　　　　　　　군번

훈 격	훈기번호	수여일	공적요지
건국훈장애족장	0001770	1990-12-26 이하여백	독립운동유공(대표 :45425:1977/12/13)

위 훈장 수여사실을 증명합니다.

2005년 2월 3일

행 정 자 치 부 장

공적수여증명서

지 수리·관개 사업에 투입한 48만 원의 거금은 당시 월급이 30원이었던 것을 고려해 2022년도 월급 1만6천 명분으로 다시 환산하면 지금 가치로는 약 480억 원이나 되는 큰돈이다. 그리고 이 돈으로 만들어진 농지와 관개시설로 생산된 농산물의 부가가치는 가히 천문학적인 금액이다. 따라서 이들의 업적은 단순히 물질적인 가치만으로는 절대 판단할 수 없을 만큼 귀한 것이다.

그러나 이처럼 영웅적인 업적에 대한 합당한 평가는 물론이고 이에 보답하려는 국가의 성의가 너무 부족하다. 이가순의 공적이 상향되고 이원재의 공적에 대한 훈장 추서도 이루어져서 이들의 애국 애족의 정신이 길이길이 선양되어야 한다.

이가순·이원재 부자는 '함경도 제일(第一)'을 넘어 시대를 초월해 숭고한 인물로 기억되어야 한다.

VII

연보

(年譜)

이가순(1867. 11. 15.~1943. 4. 12.)

이원재(1886. 5. 8.~1950. 2.)

- 초기 -

1867. 11. 15. 황해도 해주 대야리 방아다리 마을에서 출생

1884. 17세에 김령김씨(1864년 4월 15일생)와 결혼

1886. 5. 8. 장남 원재 출생

1888. 10. 15. 차남 형재 출생

1861. 러시아 정부 1861년부터 자유이민법 시행

1863. 가뭄 기근으로 생계가 어려워지자 평안도, 함경도 주민들이 집단으로 러시아로 이주해 촌락 형성

1890. 20대 초반, 망국의 한을 품고 소련 블라디보스토크로 망명(동생 달현에게 어린 두 아들과 아내를 보살펴 달라고 부탁), 연해주 지역을 국권 회복 운동에 적합한 곳으로 판단, 이후 민족주의 계몽운동가들이 학교 설립하고 신문을 발행하는 등 독립운동을 전개함. 김령김씨 해주에서 사망

이원재 소년 시절 서울행, 태극학교 입학(교우 김도연, 최연택과 의형제),
독학으로 세브란스의전 입학 준비

1909. 이가순 원산 잠입, 상리교회 출석, 김애화와 재혼

1911. 이가순의 큰딸 인숙 출생,

일제의 감시와 국내 사정 악화로 연해주 왕래하며 독립운동(민회와 독
립운동단체 권업회 활동)

1913. 이원재 노백린 장군(1875~1926) 자택에서 큰딸 노숙경
(1890~1982)과 결혼

1914. 이원재 세브란스의전 졸업(4회), 의사고시 합격

이원재 의사 원산구세병원 부임, 큰딸 인철 출생

일본의 압력으로 러시아 정부 권업회 강제 해산

아버지 이가순과 20년 만에 상봉

1915. 노백린 장군 미국 망명, 어린 남매를 원산의 사위 원재에게 맡김

1915. 이가순의 원산 재잠입, 만주, 연해주 등에서 독립활동

1916. 12. 이원재와 노숙경 중국 흑룡강성 할빈시에 이주, 고려병원
개원

1916.~1924. 8년간 흑룡강성 할빈시 의료 활동, 교포 민회 회장, 교회
설립, 은전 항아리를 마루 밑에 묻어 놓고 독립군 군자금 지원,

1917. 이원재의 큰아들 동훈, 차남 승훈 출생

1918. 이가순의 작은딸 원숙 출생

- 중기 -

1919.2. 이가순 원산 입국

1919. 3. 1. 이가순 원산 3·1만세운동 주도

1919. 5. 26. 이가순 경성복심법원에서 보안법, 출판법 위반으로 2년 6월 징역형 받고 함흥감옥에 수감. 미결수로 서대문 감옥에 있을 때 재판 거부, 옥중에서 만세를 불러 온몸에 채찍을 맞고 징벌방에 갇힘.

1920. 이가순 원산 대성학교 설립(교장 취임)

금강산 비로봉 넘어 외금강 산속에 별장 마련, 동지들의 은신처와 회의 근거지로 활용,

이가순 자녀들이 매년 1~2회 방문.

1924. 이원재 37세에 하얼빈에서 강릉 이주

1924년~1932년 이원재 관동병원 운영, 강릉중앙교회 장로, 한글 교육, 생활개선, 위생법, 요리 강습, 아내 노숙경 산파역, 딸 인영, 인옥, 인순 출생

1927. 2. 이원재 신간회(민족유일당 민족협동전선) 발족

1927. 7. 2. 이가순 원산신간회 준비위원장

1927. 여름 원산에서 이가순 회갑 맞음.

1927. 12. 3. 강릉신간회 조직(회장 이원재)

1928. 11. 안변폭탄사건(김소윤, 김수악, 김부경이 조선총독부와 동양척식주식회사 폭파 목적으로 함경도 삼방 협곡계곡에서 폭탄을 제조해 서울로 이

동하던 중 여관 주인의 밀고로 안변경찰서 체포되어 옥고를 치른 사건)의 배후자로 신간회 원산 지회장 이가순 검거됨.

1929. 1. 14. 원산 부두노동자 총파업(82일) 지원

1929. 8. 31. 이가순 원산 신간회 위원장

1930. 7. 24. 이가순 원산 사회단체연합수난구제회 회장 선임

수해를 당한 이재민을 돕기 위해 7개 구역을 수용해 구제 활동 전개.

참여단체 : 원산노동연합회, 원산청년동맹, 원산시민협회, 신간회 원산 지회, 근우회 원산지회, 원산소년척후대, 원산기독청년회, 원산천도교 청년당, 중외일보, 동아일보, 조선일보 각 원산 지국

1931. 12. '동광' 잡지사 동서고금 인물좌담회에서 현재 조선의 인물 중 함경도 지역 노인으로 상당한 영향력이 있는 사람이 이가순 선생이라는 데 동의함.

- 말기 -

1932. 이원재 서울(고양군) 공덕동 초가 6채 매입, 금강병원 개원, 가족 이주. 공덕감리교회 장로 시무, 노숙경 권사 여선교회 회장 활동)

이가순 일본 패망 늦어질 것 예상, 강릉에 중등 교육 기관이 없어서 딸들과 손주들의 교육문제로 서울(죽첨동 381번지, 현 충정로) 이주

1933. 이원재 고양군 토당리(삼성당)에 백석, 신평, 장항 등지에 10만 평 매입, 백석농장 조성, 원산의 형재 가족 고양군으로 이주, 누이동생

(인숙, 원숙)의 서울 진학

1943년까지 10년 동안 아버지, 형재와 같이 수리 간척사업 시작

이가순 일제의 강압적인 창씨개명 요구에 따라 '백석가순'으로 개명

1935~1938 상해 임시정부 자금지원(한용만 특사, 강원도 유점사)

1935. 10. 24. 장녀 인숙 이구범과 결혼

1937. 오화영 목사 고양군 화정동 579번지 6천 평 과수원 경영(소유자 가족 함명숙), 흥업구락부 사건으로 체포되어 6개월 징역

1939. 고양군 행주외동 173번지 이원재, 윤원삼, 조익순 등 3인의 명의로 행주양수장 부지 1만 평 매입

1940. 이원재 큰아들 동훈 세브란스 의대 졸업반 때 사망, 노숙경 여사 애통한 마음으로 토당리 삼성당 300평에 초가집 능곡감리교회 설립 (동훈 기념교회)

1940. 10. 25. 차녀 이원숙 정준채(고양 토당리 출신)와 결혼해 4남 3녀 출생.

명소(음악박사), 명근(MIT공학, 사업가), 명철(미국주립대 경영학 교수), 명규(의사), 명화, 경화, 명훈(정트리오 세계적인 음악가)

1941. 이원재 의사 금강병원 능곡 이전, 백마 타고 이동 진료 시작

1943. 4. 12. 이가순 소천(76세)

1945. 3. 5. 고양수리조합 인가(초대 수리조합장 이원재, 1945~1950)

1947. 이가순 아내 김애화 소천

1947. 이원재 능곡초등학교 화재복구비 지원(백석농장 토지 매각)

1950. 2. 6. 이원재 64세에 소천(고양군 사회장)

1950. 5. 26. 이가순관개송덕비 건립(행주외동 도로가)

설립위원 : 윤원삼, 조익순, 맹관호, 최춘근

1977. 12. 13. 이가순 대통령 표창(독립운동 유공)

1990. 12. 26. 이가순 건국훈장 애족장 수여

2009. 8. 고양시씨족협의회 이가순 '자랑스러운 고양인' 선정

2010. 3. '이가순기념사업회' 창립(회장 허준, 2대 회장 유재덕, 사무국장 신기식)

일산 호수공원에 송덕비 건립, '양곡길' 도로명 변경

양곡 이가순 가계도

이가순(1868~1943) ········ 배(配)김해김씨 [후배(配)김애화]
건국훈장 애족장

이원재 ········ ***배(配) 노숙경**
(1886~1950) ········ (1890~1982)
(세브란스 의과대)

인철(이화전문 음악)

동훈(세브란스 의전)

승훈(세브란스 의전)

인영(이화전문 가정)

인옥(이화대학 가정)

인순(이화대학 약학)

이형재 ········ 배(配) 김봉애

양훈(연희전문)

광훈(동국전문)

대훈, 종훈, 정훈

이인숙(1911년, 여의사) ········ 부(夫) 이구범(강원경찰국장)
(3남 3녀)

이원숙(1918년) ········ 부(夫) 정준채(동경유학)
국민훈장 석류장 (정트리오, 4남 3녀)
명소 명근 명철 명화 경화 명훈 명규

노백린 장군 가계도

노백린(1875~1926) 건국공로훈장 대통령장
건국훈장 애족장

*노숙경(1890~1982) ········ 부(夫) 이원재
선경(男) 건국훈장 애족장
태준(男) 건국훈장 독립장
순경(女) 대통령 표창 ········ 부(夫) 박정욱(세브란스 의과대)

박정자(여의사)

박선자(여의사)

박길자(이화여대)

박인옥(이화여대)

박인종(이화여대)

박희종(이화여대)

참고 문헌

고양군지 고양군지편찬위원회, 1987. 9. 30., 고향문화원

고양시사 고양시사편찬위원회, 2005. 12. 15. 고양군

고양시독립선열약전 고양시·광복회 고양시회, 2001. 3. 1.

양곡(陽谷)이가순 선생의 생애 조명, 2009. 9. 고양시씨족협의회

우리집 이야기, 이인영, 2001

한국감리교회의 역사, 유동식, 1994. 10. 20. 기독교대한감리회

한국감리교회 역사, 이덕주 외 2인, 2017. 4. 18. 기독교대한감리회

북한교회사-초기, 김진형, 감리회한민족통일선교회, 1997

한국 첫 순직 의료선교사 '윌리엄 제임스 홀', 로제타 홀, 1897. 8.

이가순관개송덕비, 행주양수장, 1950. 5. 26.

이가순-이원재 송덕비, 일산 호수공원, 2010. 12. 30.

독립운동실록, 사단법인 삼일동지회

독립운동 공훈록

"노백린 장군의 생애와 독립운동", 2016. 1. 22, 90주기추모기념집

한국독립운동사연구 제22집, 김형묵, '노백린 장군 실기(實記)'

조봉암 연구, 박태균, 1995. 8. 1. 창작과비평사

한국근현대사사전, 가람기획, 2005. 9. 10.

Korea Methodist EpiscopalChurch, South, Minutes 1912~1917

3·1독립운동과 기독교Ⅱ, Ⅳ, 기독교역사연구소, 2020. 12. 7.

공덕감리교회 100년사, 기독교대한감리회 공덕교회, 2004년

강릉중앙교회 90년사, 기독교대한감리회 강릉중앙교회, 2002년

경기북부구지도 「1945년 경기북부」 경기도, 2008. 2. 14.

황무지에서 옥토로 장항1동 마을 이야기 고양문화원 2020. 12. 22.

고양수리조합설치인가, 사업계획서 등, 국가기록원, 1945년

고양군 농지개혁사업 사무정리 국가기록원 1962. 12.

2016가와지볍씨 국제학술회의 고양시·한국선사문화원 2016. 4. 30.

너의 꿈을 펼쳐라, 이원숙, 김영사, 1990. 12. 20.

통 큰 부모가 아이를 크게 키운다, 이원숙 동아일보사 2005. 3. 31.

이가순기념사업회 회의록

기타 신문, 잡지, 인물소개